2022年文化和旅游优秀研究成果汇编

中国旅游研究院（文化和旅游部数据中心） 编

中国旅游出版社

责任编辑：刘志龙
责任印制：闫立中
封面设计：中文天地

图书在版编目（CIP）数据

2022年文化和旅游优秀研究成果汇编 / 中国旅游研究院（文化和旅游部数据中心）编. -- 北京 : 中国旅游出版社，2023.3

ISBN 978-7-5032-7097-0

Ⅰ. ①2… Ⅱ. ①中… Ⅲ. ①文化产业－成果－汇编－中国②旅游业发展－成果－汇编－中国 Ⅳ. ①G124 ②F592.3

中国国家版本馆CIP数据核字（2023）第039053号

书　　名：2022年文化和旅游优秀研究成果汇编

作　　者：中国旅游研究院（文化和旅游部数据中心）　编
出版发行：中国旅游出版社
（北京静安东里6号　邮编：100028）
http://www.cttp.net.cn　E-mail:cttp@mct.gov.cn
营销中心电话：010-57377103，010-57377106
读者服务部电话：010-57377107
排　　版：北京旅教文化传播有限公司
经　　销：全国各地新华书店
印　　刷：三河市灵山芝兰印刷有限公司
版　　次：2023年3月第1版　2023年3月第1次印刷
开　　本：787毫米×1092毫米　1/16
印　　张：10.5
字　　数：188千
定　　价：56.00元
ISBN　978-7-5032-7097-0

编写说明

经文化和旅游部批准，原国家旅游局优秀研究成果评奖调整为文化和旅游优秀研究成果遴选，由中国旅游研究院（文化和旅游部数据中心）组织实施，该项目旨在鼓励全国各方面围绕文化和旅游研究产出高质量研究成果。

文化和旅游优秀研究成果要求聚焦文化和旅游研究，成果形式包括 (1) 政府决策咨询、专题调研和数据研究报告 (不含规划类成果)；(2) 公开发表的学术论文；(3) 公开出版的学术专著。根据 2022 年成果遴选公告，参评成果完成时间范围为 2021 年 1 月 1 日至 2021 年 12 月 31 日。经征集、遴选，2022 年文化和旅游优秀研究成果共 39 项成果入选。其中学术论文 15 项，专著 9 项，研究报告 15 项。

本成果汇编收录了 2022 年 39 项优秀研究成果摘要。

目　录

学术论文类——一等奖

学术论文类——二等奖

学术论文类——三等奖

专著类——一等奖

专著类——二等奖

专著类——三等奖

研究报告类——一等奖

研究报告类——二等奖

研究报告类——三等奖

学术论文类

——一等奖

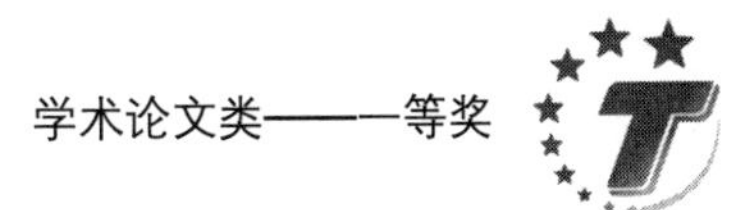

微观视角下旅游情境人地关系的理论与经验

作　　者：黄剑锋，陆林，宋玉
依托单位：安徽师范大学
成果类别：集体成果

一、研究内容

本研究以“构建跨学科旅游学术共同体”为框架，以微观视角下旅游情境人地关系为主题，将地理学人地关系理论与管理学消费行为研究相结合，检视旅游情境人地关系的多元性，探究微观视角下人地关系研究的经验化，对基于人地交互的旅游者行为机制进行理论推导和实证检验，并分析未来研究启示。结论表明：旅游情境人地关系研究具有多元层次和范式，提出具体问题和聚焦具体变量是微观视角下人地关系研究经验化的关键；从人—地二元环境刺激到人—地交互有机体的逻辑为旅游者行为提供了一种人地关系解释；未来研究需把握旅游现象特性、完善多元范式、推进理论的经验化、注重方法的理论意义。

二、研究框架和研究方法

本研究以理论与经验相统一的“科学环”为线索，建立由理论检视、逻辑推导、实证检验、理论提升构成的研究框架。在理论检视中判别人地关系多元范式，在逻辑推导中探究旅游者行为的人地关系机制，在实证检验中对理论逻辑进行检验，在理论提升中总结人地关系研究的经验化路径。研究方法上，理论研究采用文献研究、逻辑推理、假说演绎等，经验研究采用实地研究、问卷调查、统计分析等并运用描述统计、阶层回归、非参数百分位等检验直接、中介、调节及被调节的中介效应。

三、理论创新和学术价值

本研究以“做有理论贡献的经验研究”为目标，力图强化理论价值，在《地理学报》理论与方法探索栏目发表。理论创新表现为“三个一”：一个多元连续体，提出旅游情境人地关系的四象限模型，判别四种主要情形和两种典型范式；一条经验化路径，将问题化和变量化作为人地关系理论经验化的关键；一种跨学科解释，通过地理学宏观理论与管理学中层理论及经验变量的结合，为旅游者行为提供新解释。学术价值表现为强调“三个自觉”：学科自觉，直面旅游研究综合性，在地理学与管理学交叉中提供旅游学科凝聚的窗口；理论自觉，批判性检视人地关系理论的旅游情境运用，在创新中拓展经典理论；范式自觉，按照科学哲学规范探索人地关系理论的经验化，从范式层面促进旅游知识生产。

四、应用价值和经济、技术、社会效益

本研究以“仰望星空、脚踏实地”为要求，针对“如何促进旅游者行为意愿”这一旅游行业的基本问题，力求增强旅游研究服务行业实践的能力，在指导旅游地重视旅游者与环境的各自作用、增进二者积极互动、将自然与文化环境相结合及功能与情感质量相结合、提供个性化文化和旅游产品、推动旅游服务高质量发展等方面发挥预期的应用价值提高效益。

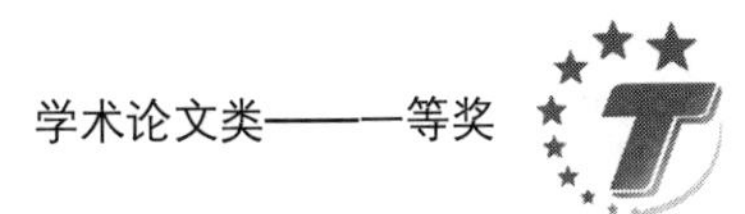

博物馆中的文化生产和传播：社会实践理论视角

作　　者：吴茂英，童逸璇，G.Wall，应天煜

依托单位：浙江大学

成果类别：集体成果

一、研究内容

中国大运河是中华文明的文化地标和精神标识，拥有璀璨的文化和丰富的遗产资源。在大运河国家文化公园的建设过程中涌现了大量文化遗产创造性转化与创新性发展的优秀实践。

本研究以大运河畔杭州工艺美术馆群的“老厂房 + 老艺人 + 老物件 + 老字号”的创新性非遗传承与利用模式为研究场景，融合社会实践理论和互动仪式理论，关注博物馆群里的非遗活态传承实践的可持续性。首先，从社会实践角度探究博物馆中非遗传承人的多重社会实践（文化生产、文化传播、文化经营）的性质及实践间的关系和兼容性；其次，从互动仪式角度探究非遗传承人与访客的互动质量，及背后的微观互动机制；最后，以能动概念探究非遗传承人如何应对多重工作实践之间的冲突和张力，从而实现手工艺非遗的传承。

二、研究框架和研究方法

本研究采用纵向质性研究设计，分别于 2016 年 10 月、2019 年 11 月、2020 年 5 月对博物馆的非遗传承人进行了三轮深度访谈。三轮访谈设计层层递进、循环前进，从开放式的归纳逻辑逐步递进到验证式的演绎逻辑，关注的议题包括博物馆群里的手工艺人的工作体验、工作职责、高峰及低谷体验、游客互动过程、矛盾应对策略等。

图 1 凝练展示了各轮访谈与研究问题、相关理论的对应关系。

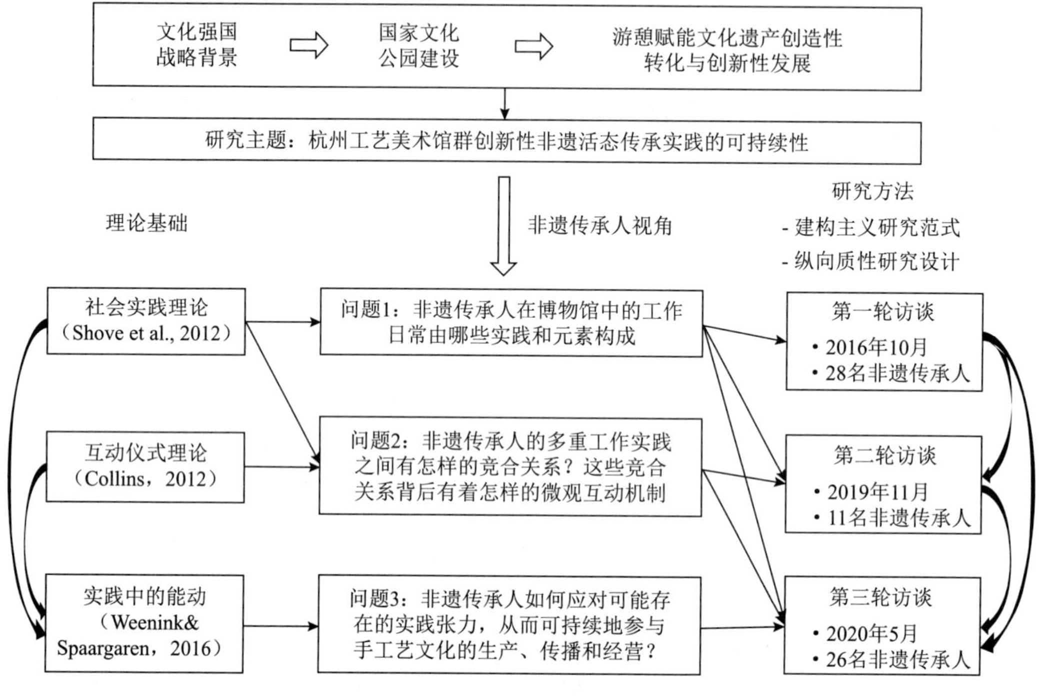

图 1　论文研究框架

三、理论创新和学术价值

理论创新：在论证范式兼容性的基础上，本研究创新地融合社会实践理论和互动仪式理论，将实包含多主体持续互动的社会实践视为互动仪式，并深入挖掘了实践的竞合关系背后的微观互动机制。理论的融合有助于深入刻画遗产保护活动中复杂动态的多重行动过程及其相互关系。

学术价值：本研究呼应社会科学领域的文化转向和实践转向，与经典的“结构—能动”辩论对话，以社会实践视角缓解结构和能动之间的二元对立。本研究对博物馆中非遗保护实践的分析，生动地诠释了作为结构的非遗保护政策和非遗传承人的能动性之间如何互相影响和塑造。

四、应用价值和经济、技术、社会效益

本研究关注国家文化公园建设过程中的遗产保护创新模式（博物馆活态传承模式），并从非遗传承人的视角揭示方案的可持续性，为非遗的创造性转化和创新性发展提供有益的启示。

基于研究成果的研究报告《文旅融合推动长三角一体化发展对策》被《浙江社科要报》2021 年第 72 期刊用，获得时任浙江省委书记袁家军，常务副省长陈金彪，副省长成岳冲肯定性批示;《关于扩大大运河文化国际影响力的建议》被文化和旅游部《文化和旅游调研》2022 年第 7 期刊用，报文化和旅游部党组成员参阅。

旅游目的地精益服务供给中的组织关系演进逻辑

——基于重庆、西安、杭州的跨案例比较研究

作　　者：韦鸣秋，白长虹，张彤
依托单位：东南大学
成果类别：集体成果

一、研究内容

旅游目的地高质量发展，不仅肩负顺应“双循环”新发展战略格局的历史使命，更是缓解当前社会主要矛盾、促进物质生活和精神生活共同富裕的重要着力点。其中，政府引导、多元主体共建共治共享，是推动旅游目的地高质量发展的应有之义。

“旅游目的地精益服务”理论的提出，是围绕多主体协同下、目的地高质量服务展开的理论探索，对新时期地方旅游发展具有重要的现实意义。该理论对服务多主体交互、多层次供给进行了结构性整合，是一种新型的旅游目的地服务范式。本研究重点探索旅游目的地精益服务供给中各类主体间存在怎样的供给关系与互动逻辑，以及地方政府采取何种策略或工具，引导市场力量、社会力量参与服务协作。

二、研究框架和研究方法

本研究按照“明确方向—编码分析—理论对话—得出结论”的框架思路，采用案例研究和扎根理论相结合的方法，选取重庆、西安、杭州三个旅游目的地作为案例对象进行数据收集。之后，应用扎根理论方法进行开放性编码、主轴编码和选择性编码，进而发展范畴及范畴间的关联，解构个案间旅游目的地精益服务供给组织关系及交互逻辑。

三、理论创新和学术价值

本研究的发现，一方面打破已有研究囿于旅游公共服务或商业服务单一视角下组织关系的局限，开辟了对旅游目的地精益服务供给中“政府—企业—居民—游客”多元互动逻辑的新认识，丰富了对制度理论中有关组织关系的理解。另一方面，从管理柔性、技术摄入、文化契合为代表的三类要素，对组织间关系强弱、互动逻辑具有重要的影响作用，本研究由此构建旅游目的地精益服务组织关系形成的解释框架——精益服务要素组合矩阵模型。该模型是反映地方精益服务水平的理论工具。

四、应用价值和经济、技术、社会效益

本研究探索的服务组织关系演进逻辑、服务要素组合策略，有助于目的地政府对打造“精益化”的政府职能与协作型的制度环境形成规律性认识：一是建立以幸福价值创造为出发点、以政府有序引导与弹性供给为核心的柔性管理体制；二是培育集成化、信息化的动态服务能力，打破旅游数据之条块分割藩篱，推动跨区域、跨组织的旅游大数据开放共享、互联互通；三是讲好目的地服务供给中的“故事”，与市场共鸣、与受众共情；四是推动目的地服务供给水平的自我洞察，甄选最适合本地的服务要素组合方式和策略。

学术论文类

——二等奖

城市居民对大型活动影响的感知与态度模式研究

——以首届中国国际进口博览会为例

作　　者：卢松，李卓妍
依托单位：上海师范大学
成果类别：集体成果

一、研究内容

大型活动是城市发展和区域竞争新的引擎和发动机，我国学术界在20世纪90年代开始关注大型活动，尤其是在成功举办北京奥运会和上海世博会后，该话题不断升温，其中影响研究已成为大型活动研究的最重要议题和研究热点。居民对大型活动的感知和态度是识别大型活动影响以及衡量居民支持度的重要表征，因此调查了解举办城市居民的感知、获得主办社区的支持对大型活动的成功举办至关重要。本研究构建了城市居民对大型活动影响的感知与态度结构模型，并以中国国际进口博览会（CIIE）为案例进行了验证。

研究结果表明：（1）政府信任和未来结果考虑是影响居民感知和支持态度的重要因素。具体表现为政府信任对积极影响感知和支持态度具有正向影响，对消极影响感知具有负向影响，未来结果考虑与感知和态度的关系也呈现出这一规律。（2）居民积极影响感知对生活质量感知和支持态度具有正向影响；消极影响感知对支持态度具有负向影响，但是对生活质量感知无明显影响。（3）居民对于首届进博会提升生活质量的感知较弱，在感知和支持态度之间没有表现出明显的中介作用。研究最后从尽量减少展会干扰居民日常生活 / 工作、提升本地居民参与度等方面提出建议。

二、研究框架和研究方法

研究框架：首先基于社会交换的理论框架，从举办地居民视角构建“政府信任”“未来结果考虑”“积极影响感知”“消极影响感知”“生活质量”“支持态度”6 个变量的关系模型；然后以首届 CIIE 为案例，在实地问卷调查的基础上采用结构方程模型分析，探讨了模型构建的合理性，验证了居民对首届 CIIE 影响的感知及支持态度的影响因素（图 1）。

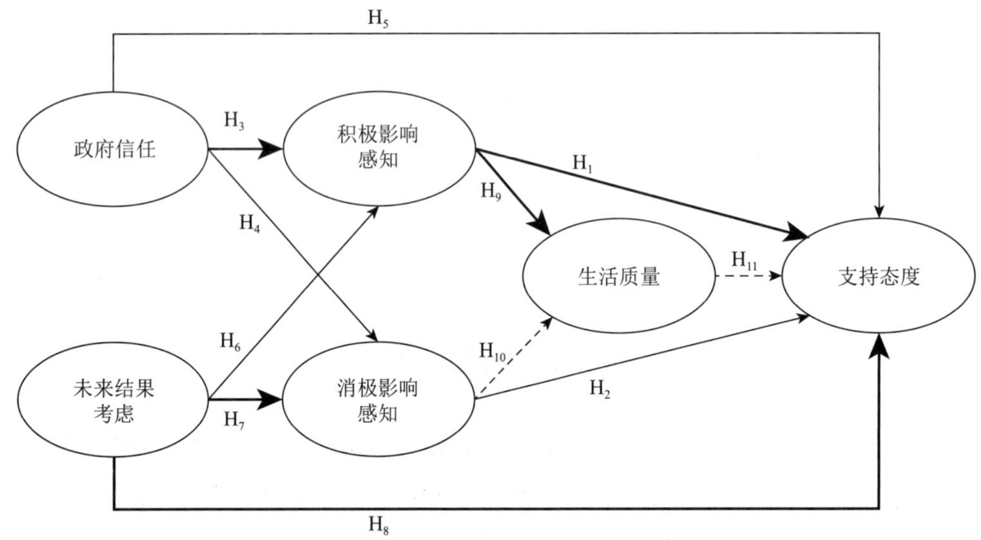

图 1　居民对首届 CIIE 影响的感知及支持态度的影响因素

注：实线代表支持，虚线代表拒绝，实线越粗代表路径系数越大

研究方法：运用演绎和文献分析法，提出 13 条研究假设，构建了结构模型；运用实地问卷调查方法，收集到 541 份上海市居民有效问卷，并在展前和展后深度访谈了 17 名居民，验证了构建模型的合理性。

三、理论创新和学术价值

本研究是一项融合旅游学、社会学、心理学的跨学科研究。尝试将政府信任变量引入中国大型会展的影响研究，并探索性地提出未来结果考虑变量的作用，加深了从举办地居民视角认识和理解大型活动带来的影响，证实了政府信任、未来结果考虑对居民对大型活动态度—行为有较好的解释作用，有助于丰富和完善中国大型活动的研究视野和理论体系，尤其是初创型国家级博览会区域影响的理论探索。

四、应用价值和经济、技术、社会效益

进博会等大型活动往往由政府精英等少数人掌握着举办决策权，当地居民很少能参与其中，本研究结果验证了居民对政府的信任对其感知和支持态度具有重要影响。同时也发现，上海市居民对于首届 CIIE 提升生活质量的作用感受较弱，生活质量在居民影响感知和支持态度之间没有表现出明显的中介作用。因此应尽量减少展会干扰居民日常生活、工作，提升本地居民参与度，进一步增强居民对政府的信任，提升居民的获得感和生活质量，有助于进博会等大型活动的可持续发展。

社交媒体上的旅游者权利如何影响非道德事件后旅游市场秩序的建构？来自中国的经验

作　　者：刘亦雪，张柔然，姚延波
依托单位：上海师范大学
成果类别：集体成果

一、研究内容

影响游客体验的非道德的商业行为在世界各地经常发生（Breitsohl & Garrod，2016；Cavicchi&Santini，2011；Harris，2012；Kim，Pillai，Haldorai & Ahmad，2021；March，2008）。旅游业充满了错综复杂的伦理问题，是目的地面临的现实挑战（Malone，McCabe & Smith，2014）。市场秩序由不规范到规范的演进发展是探究市场秩序建构机制的有力范本（Coase，2012；North，1990）。旅游市场秩序由不规范到规范的演进发展是怎样的？各利益相关者怎样以主动或被动的形式使当地的市场秩序走向规范？这些跟现实密切相关又非常重要的理论急需构建。

研究依托感知的秩序理论、认知评价理论、多中心治理理论，综合运用批判现实主义的哲学框架和批评话语分析的数据分析方法，剖析了雪乡非道德事件后旅游者、旅游经营者和旅游监管者的情感和行为反应，提出了检验社交媒体上的旅游者权利如何影响旅游市场秩序建构的机制模型（图 1）和概念模型（图 2），即认知、情感、感知的旅游市场秩序、行为反应、市场建构。根据 Hayek（1952）“感知的秩序”理论，秩序的有序与否在于人心智对感觉的排序，秩序是可被感知的；研究发现，游客感知的旅游市场秩序状况取决于非道德事件的感知严重性（perceived severity）、责任归因（responsibility attribution）和不确定性容忍度（tolerance of ambiguity）。研究扩展了认识评价理论，补充了道德消费主义领域的非道德事件影响效应研究，也为其他国家和地区的旅游市场治理提供了理论借鉴和中国经验。

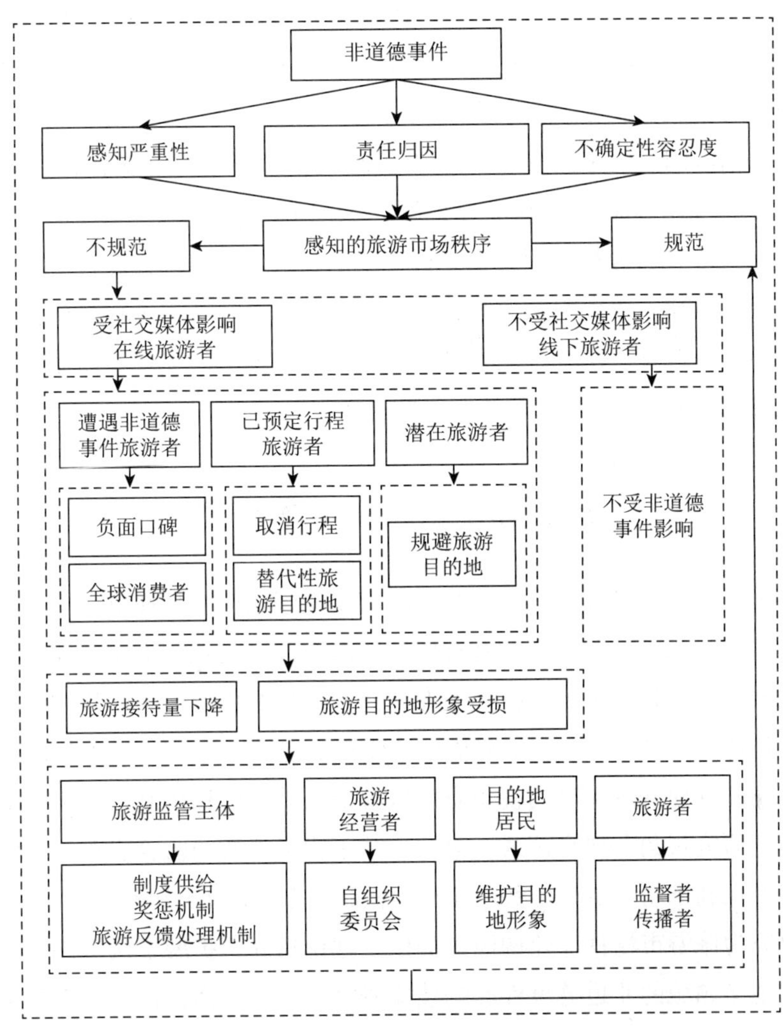

图 1　非道德事件后旅游市场秩序建构的机制模型

图 2　社交媒体上旅游者权力影响非道德事件后旅游市场秩序建构的概念模型

二、研究框架和研究方法

双重批判现实主义作为一种哲学框架（Bhaskar，1975，2014；Botterill 等，2013），可促使研究人员对雪乡发生的非道德事件进行深入观察，探究非道德事件之后的旅游市场秩序建构。根据批判现实主义的理论框架，研究选用批评话语分析对资料进行分析。Fairclough（1992）提出了批评话语分析的分析框架，具体包括文本（text）、话语实践（discursive practice）和社会实践（social practice）三个维度，对应地可以通过三个递进的过程执行分析，即文本分析、话语实践解释、社会阐释。本研究中文本分析包括对访谈调研一手资料文本和新闻资讯等二手资料文本进行分析。话语实践解释连接了文本分析和社会阐释，侧重对文本在不同语境下的生产、传播和消费过程进行分析，关联到非道德事件产生的社会背景阐释。

三、理论创新和学术价值

非道德事件后的危机应对战略以及旅游市场秩序如何恢复规范有序是旅游目的地面临的重要命题，当前的理论却没有有效回应旅游监管实践的迫切需要。因此，论文探究了互联网背景下目的地各利益相关者如何推进良好旅游市场的建构。研究的理论创新和学术价值在于：第一，本研究依据“建构演进秩序论”和“多中心治理理论”，从制度经济学和共建共治共享的视角研究旅游市场秩序建构机制，为旅游市场秩序治理提供了新的研究视角和研究范式。第二，基于我国旅游的监管实践，构建了社交媒体上的旅游者权利推动旅游市场秩序建构的机制模型（图 1）和概念模型（图 2）。一方面，本研究为旅游市场秩序建构演进提供了理论指导，扩展了认识评价理论，补充了道德消费主义领域的非道德事件影响效应研究；另一方面，也为非道德事件后规范旅游市场秩序提供了工具指导，为其他国家和地区的旅游市场治理提供了理论借鉴和中国经验。

四、应用价值和经济、技术、社会效益

如何治理世界各地时常发生的非道德商业行为，非道德事件后旅游市场秩序如何有序运行，这是旅游目的地面临的现实挑战。基于我国旅游监管实践，研究构建了利益相关者助推旅游市场秩序建构演进的机制模型和概念模型，为非道德事件的危机应

对以及旅游市场秩序规范有序运行提供了中国经验。

团队也根据雪乡的调研，向黑龙江省文化和旅游厅、大海林林业地区旅游局提交了危机应对策略，包括旅游监管部门应立即启动非道德事件调查，并通过官方媒体和社交媒体等渠道公布调查结果，使用制度供给、奖惩措施、健全旅游投诉反馈处理机制等监管策略来降低非道德事件对目的地的损害；旅游经营者和目的地居民需摒弃非道德市场运营模式和个体的短视思维，诚信经营，按照合同标的提供约定的服务，通过监管机制和自组织委员会双管约束所有经营者的经营行为，共同维护旅游目的地形象。此外，研究者一直以客观视角传播真实的雪乡（一个因旅游业重新发展起来的偏远乡村，若无旅游业带动，或许已成为空心村或者消逝的村庄），恢复因个别非道德事件损害的目的地形象。

家与途：情境迁移下的旅游地感知重构

作　　者：管婧婧，毕家萍，董雪旺
依托单位：浙江工商大学
成果类别：集体成果

一、研究内容

“家”是旅行的起点，却在旅游研究中长期处于一种“缺位”状态。“家”代表着个体所处的惯常环境，日常生活会令个体生成带有地方烙印的文化底图。鉴于旅游是一个从惯常环境到非惯常环境的二元概念，有必要了解惯常环境形成的文化底图是否会影响旅游者在非惯常环境的感受。

为了回答这一问题，本研究以情境学习和迁移、参照点为理论基础，通过学理阐释和实证分析，研究了“家”对“途”感知的影响，形成了三个核心观点：（1）旅游是一个由家到途的情境转换过程，“家”作为个体所处的惯常环境，是关于“途”研究的、不可或缺的前提。（2）由于“家”的环境烙印会成为个体感知的参照点，因此旅游者感知应是旅游地与参照点之间的认知偏离。（3）旅游者对“家”与“途”的心理感受，可视为连续谱两端，是熟悉 / 陌生、安全 / 风险、舒适 / 难受、可控 / 不可控和有情感联系 / 缺乏情感联系的二元情境。从家到旅途的过程中，旅游者不仅身体进入旅游空间，其心理感受也会产生变化。

二、研究框架和研究方法

研究秉持“问题导向”的研究理念，采取学理阐释和实证检验相结合的研究方法。首先，对主要观点进行了深度、详细的理论推演。从本质思维下的家 / 途二元概念出发，探索了“家”原点对旅游的意义；基于情境学习和迁移理论、参照点理论剖析了为何“家”会影响旅游地感知；据此重构了旅游地相对功能感知和心理感知的量表，提出了考虑情境迁移的旅游地感知测量方式。

为避免理论分析容易陷入应然的缺陷，本研究进而以实证数据对理论推演进行了验证。以杭州为案例地，分别对 460 位访杭游客和 116 位杭州常住居民进行问卷调查，通过信效度检验、探索性和验证性因子分析，探索了旅游地相对功能感知和心理感知的结构和测项；通过家途间距离远—近和常住地—旅游地的双重比较，支持了构建旅游地相对功能感知和心理感知的论点。

三、理论创新和学术价值

本研究主体在于理论贡献，表现为三个方面：

一是理实结合论证了非惯常环境在旅游研究中的核心地位。

非惯常环境理论在建立一套具有“旅游性”的理论体系和话语体系中具有基础性地位。本研究通过将惯常环境凝聚为家，从家 / 途的二元概念理解非惯常环境，拓展了非惯常环境研究的思路。

二是提出了旅游目的地心理感知的构成，为从心理视角研究非惯常环境提供了可测量工具。

以家为参照点，挖掘了个体对非惯常环境的心理认识，并构建了可供测量使用的工具，为后续该领域研究奠定了基础。目前基于此量表撰写的后续论文已于 2022 年 1 月在 *Journal of Destination Marketing & Management* 上发表。

三是提出对旅游目的地功能的感知是一个相对估值，通过引入差值概念，修正了原有的旅游目的地感知测量方式。

基于 Agent 建模的旅游流空间溢出效应研究

作　　者：李山，杨旸，钟章奇，唐晓莉
依托单位：华东师范大学
成果类别：集体成果

一、研究内容

一是构建 GIS 基础数据库。基于 GIS（Geographic information system）建立我国 341 个地市和 1900 多家 4A 级以上景区的空间和属性数据库，形成 ABM 模拟的“空间环境”。

二是制定 Agent 行为规则。将游客 Agent 划分为 3 种基本类型，即全局优化者（global optimizers，观光型）、移步优化者（sequential optimizers，漫游型）和往返优化者（radial optimizers，度假型），根据“游旅比”效用追求差异制定不同的景区（吸引物）选择行为规则。

三是开展计算模拟分析。编写计算机程序，结合现实统计数据，输入 2 万多个 Agent 参与计算模拟，统计 3 类 Agent 在每个地市空间单元的跨界（城市）旅行次数，进而开展旅游流溢出效应的空间格局分析与合作政策建议。

二、研究框架和研究方法

一是开拓测度思路。引入 ABM 这一计算地理学方法，在微观机制分析（游客 agent 行为规则）与宏观统计呈现（游客跨界旅行次数）之间搭建有效桥梁，突破了传统溢出效应测度方法不能兼顾“机制性模型”与“多区域测度”的制约。

二是创新游客分类。引入“游旅比”这一效用指标，为游客多目的地选择行为分析提供了新思路，其观光型、漫游型和度假型三类游客 Agent 的识别，也成为效用视角下的一种新型游客市场细分方式。

三是丰富溢出表征。将跨界（城市）旅行次数分解为跨入次数、跨出次数和交互次数（跨入与跨出之和）3 个指标，其中本研究以交互次数来衡量，意味着城市之间的一种“旅游互惠”，突破了传统计量经济模型仅将跨入次数作为旅游溢出效应表征的局限。

三、理论创新和学术价值

一是启示全国旅游圈合理布局。ABM 模拟表明，旅游流的空间溢出效应广泛存在，是地方旅游发展的重要力量，但其溢出水平存在空间分异。高溢出效应作为城市间开展旅游合作的重要动力，在空间上是“局部连片”的，因此区域旅游合作与旅游圈建设不应“遍地开花”，而应有序启动、合理配置。

二是启示城市独立目的地战略。ABM 模拟表明，观光型游客 Agent 情境下的溢出水平最高，度假型其次、漫游型最低。就此视角，随着观光型市场的缩减，度假型和漫游型市场的壮大，旅游流溢出效应可能呈现减少态势。因此，未来地市旅游业的发展在战略上需要降低对邻居城市的依赖，更多地立足自身独立目的地的打造，以更好应对市场结构变化带来的长远挑战。

人工计算模型与机器学习模型的情感捕捉效度比较研究

——以旅游评论数据为例

作　　者：刘逸，孟令坤，保继刚，赵创钿
依托单位：中山大学
成果类别：集体成果

一、研究内容

利用用户生产数据捕捉消费者行为是管理信息系统领域关注的热点问题之一。随着海量数据日渐丰盈，以机器学习为代表的数据处理模型凭借其投入成本低、处理效率极高的优势，得到了高度的重视与广泛应用。然而这一类算法存在“算法黑箱”，即在得到结果之后，无法归因和推演所研究对象的机制。而这正是传统的、基于自然语言逻辑处理的算法模型所具备的优势。因此，机器学习模型究竟能否全面取代人工计算模型？我们是否应该把对海量数据的趋势捕捉这一问题交给机器学习模型，而放弃对其数据分析逻辑进行探究？本研究试图回答以上问题。

二、研究框架和研究方法

研究选取8个中国在线网站的约60万条评论数据，训练构建传统机器学习（朴素贝叶斯、Softmax、随机森林、GBDT模型）和深度学习模型（TextCNN和TextRNN），然后加入人工计算模型（TSE模型），让模型对同一组校验数据分别进行情感分类，将与校验数据的相似性作为衡量模型情感评价效果的标准，开展比较研究。为了实现多源校验，采用问卷调查和游客原始赋分两套校验数据。利用均方根误差计算模型结果和校验数据之间的相似性。

研究发现，在以旅游评论的数据分析场景下，机器学习算法实现了较高的捕捉精度，但整体并未能对语义算法形成压倒性优势。人工计算模型是兼顾效率和稳定性的优质方法。深度学习模型对于传统机器学习而言测试效果较好，但不够稳定，实际校验效果较差，需要谨慎对待。

三、理论创新和学术价值

在理论上，本研究肯定了机器学习算法对于商业评论情感捕捉方面的优势，同时也证实通过编制中文语义规则来捕捉消费者情感分析是切实可行的。研究者可以根据研究需求，灵活调整算法。其核心工作量仅在于重新建立词库，而无须更改语义规则和情感程度副词规则。同时，本研究呼应了机器学习领域的“奥卡姆剃刀定律”，以及“没有免费的午餐（No Free Lunch）定律”，认为对于评论文本这类较为直白的文本，可能并不需要使用深度学习这类复杂的机器学习算法。基于语义逻辑和情感词库的人工算法与经典机器学习算法相结合，可以为我们提供高效的解决方案。在研究方法上，本文使用了多方法交叉检验，为文本情感捕捉效度校验提供了一次富有价值的尝试。

本研究的启示在于提醒研究者不应过分地推崇新技术与智能化，而应该以更具批判性的眼光进行审视各自的利弊。未来在文本分析与情感挖掘研究领域，应该重视人工计算模型与机器学习模型的结合使用，而非将两者对立取其一，从而在完成研究的同时发现规律，有助于进一步的理论创新。

学术论文类

——三等奖

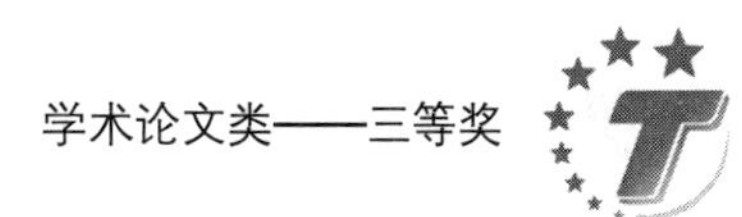

"冰天雪地也是金山银山"的理论内涵、时代价值与科学指引

作　　者：韩元军
依托单位：中国旅游研究院（文化和旅游部数据中心）
成果类别：个人成果

一、研究内容

"冰天雪地也是金山银山"理念已经成为我国冰雪旅游、冰雪经济实现高质量发展的行动纲领和科学指南。2016 年 3 月，习近平总书记在参加全国两会黑龙江代表团讨论时指出"冰天雪地也是金山银山"，这一论断极大地提升了人们对冰雪特殊生态资源的认识。本研究系统阐释了"冰天雪地也是金山银山"理念的理论内涵，认为"冰天雪地也是金山银山"理念体现了构建人与自然生命共同体的生态观、以新发展理念为引领的发展观、以人民为中心的资源观。本研究系统分析了"冰天雪地也是金山银山"的时代价值，认为这一理念引领了国家战略发展方向，实现了人民群众对于美好生活的追求，推动了地方经济社会转型升级，满足了全域旅游发展需要。本研究指出了我国冰雪旅游、冰雪经济的发展方向。

二、研究框架和研究方法

研究的框架分为三部分：第一部分是"冰天雪地也是金山银山"的理论内涵，分析了该理念实现生态观、发展观和资源观的统一性；第二部分是"冰天雪地也是金山银山"的时代价值，分析了该理念对于国家战略、人民幸福、地方发展等的作用；第三部分是“冰天雪地也是金山银山”的科学指引，提出了大众化、品质化、现代化和可持续化的发展方向。

本研究采用逻辑分析和案例分析相结合方法，立足中国、面向世界，从冰雪经济发展规律着眼，较为全面地分析了习近平总书记提出的“冰天雪地也是金山银山”的理论内涵，提出了发展方向。

三、理论创新和学术价值

本研究在理论创新方面，较为全面地分析了“冰天雪地也是金山银山”的理论内涵，提出了该理念蕴含的构建人与自然生命共同体的生态观、以新发展理念为引领的发展观、以人民为中心的资源观。

在学术价值方面，填补了对于“冰天雪地也是金山银山”较为系统研究的空白，对于客观、科学发展冰雪旅游、冰雪经济具有一定的学术价值。

四、应用价值和经济、技术、社会效益

在应用价值方面，对于政府部门、企业等具有广泛的应用价值，有助于东北、西北、华北等冰雪资源富集地区高质量发展冰雪旅游和冰雪经济。

在社会效益方面，对于后冬奥时代推动冰雪旅游、冰雪经济的大众化和产业化具有一定的参考价值。

社交媒体旅游分享对潜在旅游者冲动性旅游意愿的影响研究：基于临场感视角

作　　者：姚延波，贾广美
依托单位：南开大学
成果类别：集体成果

一、研究内容

“无社交，不互联”，在社交化趋势越来越明显的“移动＋互联网”时代，社交媒体占据着人们日常学习、工作和生活的中心。越来越多用户开始以文字、图片、短视频等多种形式在社交媒体中记录和分享自己的生活，利用社交媒体分享生活成为一种非常普遍的现象。特别地，旅游作为一种具有炫耀性质的消费行为，是社交媒体的热门分享内容，旅游者习惯在旅游途中或旅途结束后，通过文本、图片或视频等形式在社交媒体上分享他们的旅游体验。而社交媒体旅游分享对于影响潜在旅游者行为或行为意愿方面发挥着重要作用，许多旅游运营方选择与社交媒体合作，利用旅游分享的影响力来吸引潜在旅游者。如江西省旅游局与新浪微博合作开展的“江西风景独好”品牌推广活动就是很好的案例，通过邀请 120 名微博达人赴江西省旅游，让他们在微博平台分享旅游体验给网络大众，吸引大众去江西旅游，从而实现目的地营销的目的。

随着此类营销途径在旅游领域的盛行，社交媒体旅游分享是如何吸引潜在旅游者的，成为旅游业和学术界关注的热点话题。同时，考虑到现实中社交媒体旅游分享具有形式多样性特征（短视频、图片、纯文字描述等），不同形式旅游分享在吸引潜在旅游者方面是否具有差异，也是值得关注的焦点问题。基于此，本研究从临场感视角揭示不同形式社交媒体旅游分享对潜在旅游者行为意愿的影响。

二、研究框架和研究方法

本研究基于微信、微博情境开展实验研究，共进行两次组间实验，其中，实验一检验社交媒体旅游分享形式对临场感的影响差异，实验二在验证实验一所得结论的基础上，进一步检验临场感对冲动性旅游意愿的作用路径。研究发现，在社交媒体情境中，旅游分享的呈现形式越具有生动性，对临场感的影响效应就越明显，但临场感没能对冲动性旅游意愿发挥直接作用，而是通过心流体验对其产生间接影响，表明心流体验是冲动性旅游意愿的重要前置要素，体现出冲动性旅游相比一般商品消费的特殊性。

三、理论创新和学术价值

本研究证实了冲动性旅游消费的存在性，表明旅游者受到外界环境刺激会产生强烈的去旅游的冲动，同时也拓展了社交媒体旅游分享的研究边界，以往研究多关注旅游论坛、旅游交易网站等公共社交媒体，而对于个人社交媒体研究较少。此外，考虑到社交媒体多媒体特性能够为用户创造一种“真实”的环境，临场感在社交媒体中普遍存在，研究引入传播学领域的临场感概念具有一定合理性，能够丰富临场感在社交媒体环境的适用边界，同时也为加强目的地对个人社交媒体营销工作的重视和管理提供参考。

我国旅游住宿标准化发展现状、特点及存在问题研究

作　　者：牟琳
依托单位：文化和旅游部旅游质量监督管理所
成果类别：个人成果

一、研究内容

本研究通过梳理旅游住宿标准发展的政策环境及制定出台情况，从标准出台时间、标准地域分布等维度入手，对国家标准、行业标准进行分析和对比研究，总结旅游住宿标准特点，并分析其现存的标准体系结构不完整、标准间欠缺协调性、产品特色不突出、标准未实现区域联动等主要问题。研究探讨国家、行业、地方三级旅游住宿标准未来发展重点，即需要紧跟时代步伐，落实顶层设计；聚焦市场需求，完善标准体系；强化标准的运行机制，提高标准使用程度；突出地域旅游住宿特色，加强地方旅游住宿标准联动。

二、研究框架和研究方法

研究框架如图 1 所示。

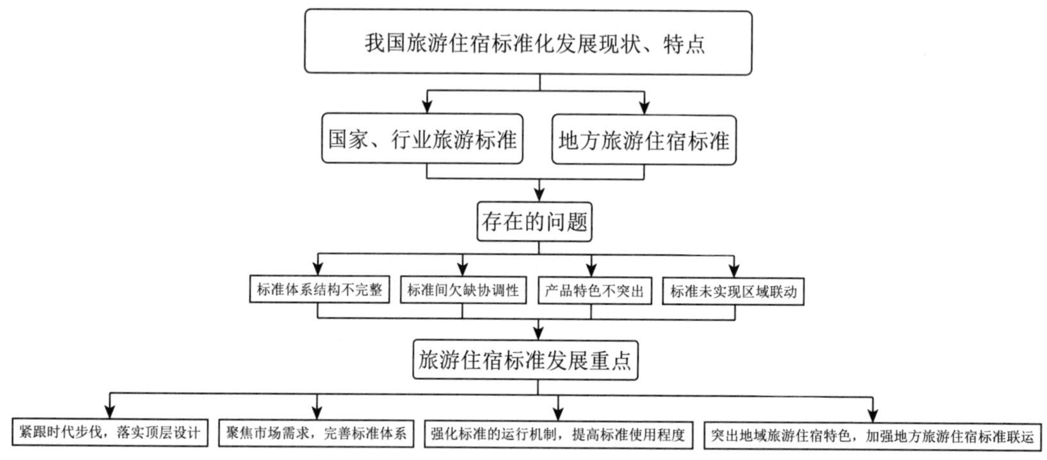

图 1　研究框架

（1）访谈法。通过对标准制定者、标准使用者等相关工作人员进行咨询访谈，结合旅游住宿标准在实施过程中的实际情况，归纳问题提出未来发展重点。

（2）比较分析法。通过分析现有旅游住宿标准发展的政策环境，对比国家标准、行业标准、地方标准的发展阶段和标准数据，对比找出我国旅游住宿标准的问题。

（3）定量分析法。通过统计现有的旅游住宿标准数据，对住宿标准进行定量分析，增强论文的说服力。

三、理论创新和学术价值

（1）对象创新。本研究选取旅游住宿标准体系作为研究对象，是对既有的旅游业及住宿旅游领域论文的一个创新。当前众多关于旅游标准的研究大致为两个方面，一方面是具有宏观性的研究，大多聚焦于全国性的旅游标准研究，另一方面是较为具象的研究，通常围绕比较突出的星级饭店标准和旅游民宿标准进行个别标准的研究。考虑到整体性的旅游住宿标准研究一直是旅游标准化研究的盲区，但就其重要性而言，旅游住宿标准的发展直接引领着或者可以说是直接带领着全国旅游标准化的发展，以旅游住宿标准为对象进行研究是极其重要也是具有较强创新性的。

（2）内容创新。本研究全面且具体化地探讨三个层级的旅游住宿标准内容和使用情况，通过揭示旅游住宿标准发展的规律，从深层次、多角度提出务实性发展旅游住宿标准的指导办法，并对旅游住宿标准体系、结构框架、对象内容进行梳理和构建。

四、应用价值和经济、技术、社会效益

我国旅游业因其特殊性，在监管上很大程度依赖于标准化治理。旅游住宿标准在旅游标准领域地位十分重要，通过研究，期望能引起相关部门对旅游住宿标准的制定和维护的重视，对旅游住宿标准进行研究有几点显著意义：一是将对旅游市场规范和旅游住宿品牌塑造产生深远的引导意义；二是面对饭店服务市场专业化、精细化发展，旅游住宿标准内容和服务的细化是提升企业竞争力标准化手段；三是利于在完备的体系下，协调发展各类型的旅游住宿企业。值得说明的是，基于该研究的框架，国际标准化组织 ISO 开展了智慧酒店中预订服务的研究，目前已正式立项 1 项国际标准。

服务业员工工匠精神的结构维度探索与测量量表开发

作　　者：李朋波，靳秀娟，罗文豪
依托单位：北京第二外国语学院
成果类别：集体成果

一、研究内容

当前我国饭店、旅游等传统服务业亟须回归、培育和提升工匠精神，但围绕传统服务业员工工匠精神的研究却极为欠缺。本成果以饭店、旅游业为研究情境，借助扎根理论探索出服务业员工工匠精神的结构维度，在此基础上开发并检验了测量量表。结果表明，服务业员工工匠精神具有丰富内涵，包含职业承诺、服务追求、持续创新、能力素养、履职信念以及传承关怀 6 个维度，其测量量表由 6 个因子、24 个条目构成，信度和效度检验均达到理想水平，是一个有效的测量工具。

二、研究框架和研究方法

研究框架：（1）在对工匠精神的内涵、维度划分和测量等现有研究进行回顾的基础上，发现现有研究选取的行业多集中在制造业，对酒店、旅游等传统服务行业工匠精神关注不足。（2）研究 1：收集酒店业中的一手、二手数据，运用扎根理论方法提炼出服务业员工工匠精神的结构维度。（3）研究 2：以研究 1 探索得出的结构维度为基础，设计专门问卷，在北京、上海两地的星级饭店、旅行社等传统服务业中收集数据，开发出服务业员工工匠精神的测量量表，并对其效度进行检验。

研究方法：采用定性和定量方法相结合的方式来达成研究目标，具体包括扎根理论和问卷调查两种研究方法。

三、理论创新和学术价值

本成果的突出价值在于，一方面开拓了工匠精神在饭店、旅游行业情境中的研究，另一方面基于这些行业情境形成了具有普适性意义的理论知识，是饭店、旅游领域理论建构和知识外溢的重要体现。具体而言，本成果的理论创新有以下三点：(1) 将工匠精神的研究转向服务业员工，对服务情境下工匠精神的研究具有直接价值，同时对其他行业情境下的相关研究也具有借鉴作用；(2) 与现有研究相比，本研究得出的服务业员工工匠精神的6个维度具有更强的层次感和立体感，包含并体现了工匠精神所关注的终极目标追求、“精”和“一”等内容，从而更加全面地诠释了工匠精神的内涵；(3) 开发了有效的测量量表，可应用于与服务业员工工匠精神主题相关的定量研究，对其他行业情境下工匠精神的测量也有借鉴价值。

四、应用价值和经济、技术、社会效益

应用价值：(1) 饭店、旅游企业可将本研究结论应用于相关的人力资源管理与开发实践中，例如，在招聘、培训、师徒制、人才选拔等环节强调6个维度的重要性，从而更好地培育员工群体的工匠精神；(2) 工匠精神具有文化层面的重要价值，因此饭店、旅游企业可运用本成果的研究结论，培育以工匠精神为核心的价值观念和企业文化，从而助力服务情境中工匠精神的传承和发展。

经济、技术、社会效益：(1) 成果作为主要模块纳入酒店管理核心课程《饭店职业素养》，申报人讲授的该课程被评为北京高等学校优质本科课程（省部级成果），申报人被评为北京高等学校优秀专业课主讲教师；(2) 成果作为前期成果申报科研项目，获批北二外2021年度科研项目1项；(3) 成果改写为评论文章后，被海棠文旅评论、工商管理学者之家等公众号转载，累计阅读量达4549次；(4) 成果衍生学术成果《“工匠精神”究竟是什么：一个整合性框架》，刊载于《吉首大学学报（社会科学版）》（CSSCI索引期刊），共计被下载856次，引用11次（2021年至今），此前曾获得第

四届中国青年旅游论坛研究生论文优秀奖;（5）成果作为教学和扎根研究方法案例，应用于学术型研究生、MTA/MBA 等人才培养中，教学效果突出;（6）以该成果为基础开发了饭店企业培训课程，并多次应用于服务、旅游等服务企业培训中，培训效果良好。

论国家文化公园：逻辑、源流、意蕴

作　　者：李飞，邹统钎
依托单位：北京联合大学旅游学院
成果类别：集体成果

一、研究内容

国家文化公园概念的提出是中国遗产话语在国际化交往和本土化实践过程中的创新性成果，也是中国在遗产保护领域对国际社会做出的重要贡献。国家文化公园对不同地域的文化联结、民族情感的追忆与唤醒、区域经济的平衡发展、国民身份认同与国际友好交往均体现出强大的正向功用。本文研究内容如下：

（1）国家文化公园逻辑根源。国家代表顶层设计，展示宏观格局（政治根源）；文化体现本质属性，强化情感关联（文化根源）；公园是权属表达和空间限定，拥有复合功能（组织管理根源），三股逻辑根源协同演进，共同构成了国家文化公园提出的逻辑成因，最终使其概念得以确立。

（2）国家文化公园概念源流。国家文化公园是根植于我国政治、文化、社会现实环境的大型遗产保护与利用的创新思想，发端于欧洲文化线路、美国遗产廊道和中国线性文化遗产，并在建设实践中逐步完善，向普世性的文化遗产保护与管理模式转化。

（3）国家文化公园价值意蕴。国家文化公园将本土化与世界性相融通，将传统文化与现代文明相联结，将单体遗产和地方性文化纳入拥有统一主题的国家遗产体系之中，其蕴含的“天下观”空间意蕴与“命运共同体”价值意蕴、“正义—平等—秩序”伦理意蕴实现“三位一体”式发展。

二、研究框架和研究方法

本研究通过建立国家文化公园逻辑根源与演进模型剖析国家文化公园概念提出的逻辑根源与成因；通过梳理国家文化公园理论源流与归属，深入理解国家文化公园的概念由来、特征属性、现实功能及未来愿景；通过构建国家文化公园价值、空间、伦理意蕴模型，深刻解析国家文化公园的内涵与外延。

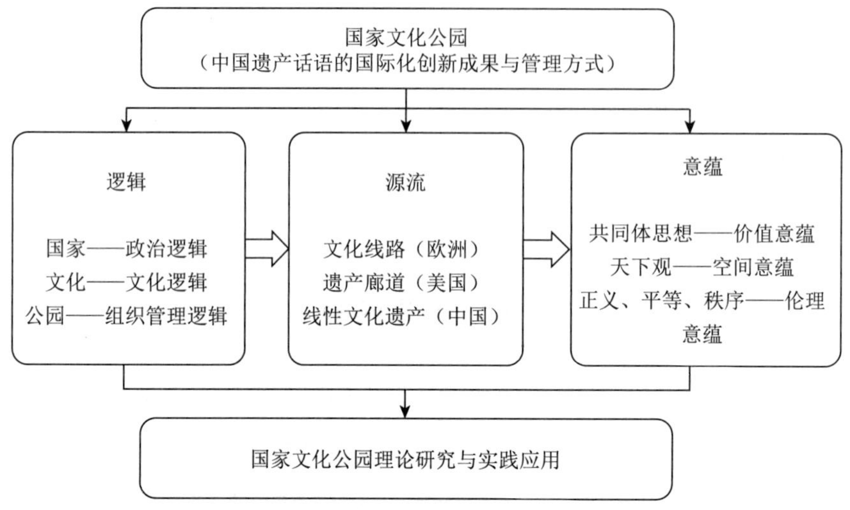

图 1　研究框架

三、理论创新和学术价值

一是创造性地建立逻辑与演进模型和价值、空间、伦理意蕴模型，以此解释国家文化公园的概念确立、发展逻辑、内涵外延，使国家文化公园体系构建愿景和功用更加清晰化。

二是尝试全方位、系统性地论述国家文化公园的逻辑、源流和意蕴问题，尝试构建国家文化公园理论体系核心部分，为国家文化公园的理论深入和实践发展奠定基础。

三是本文是旅游学术权威期刊《旅游学刊》2021 年第 1 期的封面文章和重点推荐文章；目前位列所有国家文化公园期刊论文下载量第 1 名（3223 次），近三年被引次数第 1 名（29 次）。

四、应用价值和经济、技术、社会效益

以本研究理论源流、逻辑脉络和内涵意蕴为研究基础，成功申报 2021 年文化和旅游宏观决策课题重点项目“国家文化公园内涵与外延研究”，并于同年编撰《国家文化公园内涵与外延研究报告》，顺利结项，研究成果受到相关领域专家学者认可。

中国乡村旅游政策：基本特征、热点演变与“十四五”展望

作　　者：姚旻，赵爱梅，宁志中
依托单位：贵州财经大学
成果类别：集体成果

一、研究内容

本研究回顾和检视乡村旅游快速发展时期的政策供给特征与演变规律，结合国家战略，系统分析政策供给特征及热点演化。主要内容包含：(1) 从政策数量、政策主体和政策体系三方面描述了十年间政策供给的基本特征；(2) 从产业角色、产品开发、设施建设、要素配置及产业组织五个方面的热点演变，研究中国乡村旅游从规模化发展到转型提质的历程中，政策对乡村旅游的关注与响应；(3) 从政策目标、政策内容和政策工具三个角度提出“十四五”乡村旅游政策展望。

二、研究框架和研究方法

本研究选取 2009—2019 年作为政策研究期，建立“政策结构—政策内容—政策体系”三维分析框架。以政策发布的数量与政策制定主体的结构考量乡村旅游发展的重要性及其影响程度；通过分析政策工具与政策功能的关系，判别政策体系的完善程度；利用政策文本中出现的高频词汇，研判乡村旅游聚焦的热点及其演进趋势。

研究方法主要采用政策文本统计分析和质性研究。首先，利用关键词收集国家层面相关政策文件，利用分析软件 Nvivo12 对政策文本进行筛选。把有效样本分为“专

门文件”“行业文件”“相关文件”三类。其次，运用统计学相关方法，分析政策文本数量和发布主体结构等特征；运用软件 Nvivo12 对政策文本编码，提取政策文本的主题、内容及其关联，展开对乡村旅游政策体系的分析。最后，借助 Nvivo12 软件对三种类型的政策文本内容进行识别、归类以及精确检索统计，以分析政策内容的演变。

三、理论创新和学术价值

虽然已有文献对中国乡村旅游政策研究做了大量工作，但仍存在样本范围较窄、研究视角缺乏与国家战略层面的关联，以及研究内容偏重政策本身的结构演进，不能较完整地体现乡村旅游产业发展特征及其政策供给的系统性。该研究在样本选取量、选取范围上更为科学，研究视角重视国家战略影响，结合研究期内乡村旅游产业发展特征及政策供给进行系统思考，对有关乡村旅游研究有一定创新性边际贡献。

四、应用价值和经济、技术、社会效益

（1）该论文发表后引起学术界较大关注，目前中国知网已被下载次数 4115 次，并被诸多有重要影响力 CSSCI 期刊引用，人大复印资料《旅游管理》进行全文转载，被浙江大学中国农村发展研究所（CARD）数据库收录，对地方政府制定和推行乡村旅游政策能产生影响。

（2）在该论文基础上撰写的《加强乡村旅游与乡村振兴战略衔接的政策建议》，被文化和旅游部内刊采用，对我国“十四五”时期乡村旅游产业政策的制定提供参考。

多景点—小时粒度的旅游需求预测

作　　者：郑伟民，黄利瑶，林志斌
依托单位：厦门大学
成果类别：集体成果

一、研究内容

在旅游业处于高质量发展战略机遇期的新形势下，本研究立足于“数智化赋能旅游业高质量发展”这一国家和行业重大需求，依托大数据和信息技术的快速发展，综合集成运用跨学科理论和方法，探讨人工智能在旅游业中的应用问题。具体而言，旅游业一直面临着各种不确定性（如新冠肺炎疫情、经济危机和国际形势等）所带来的风险，因此对未来形势建立充分预见并提出前摄性的管理措施对于旅游业高质量发展极为重要。在此背景下，本研究通过开发一种改进的人工智能模型以提高旅游需求预测的精度。该模型通过处理海量数据集成创新预测因子，实现了对多景区小时粒度需求的准确预测，为旅游目的地科学管理提供了重要支撑。

二、研究框架和研究方法

本研究遵循“数据挖掘—特征提取—模型创新”的技术框架预测旅游需求（图 1），拓展人工智能在旅游领域的应用，以实现旅游业高质量发展。（1）数据挖掘：现有旅游需求预测研究大多基于年度、季度和月度等中长期时间尺度；事实上，小时需求预测对于旅游企业更精细的资源优化和运营管理具有重要意义。本研究通过改善数据处理方式以适应小时需求的高度非线性和动态性特征，在旅游领域中较早实现小时需求的准确预测。（2）特征提取：现有研究大多集中在单体的需求预测，而旅游领域中存在明显空间效应。本研究集成其他景区的需求信息，高效地捕获区域内需求的时空特征，实现预测因子创新。(3)模型创新：传统的时间序列模型和计量模型很难高效地处理海量数据，特别是动态和非线性的细粒度数据（如小时需求数据）。为此，本研究针对多景区小时需求数据的特征，集成深度学习模型和注意力机制（图2），实现方法创新。

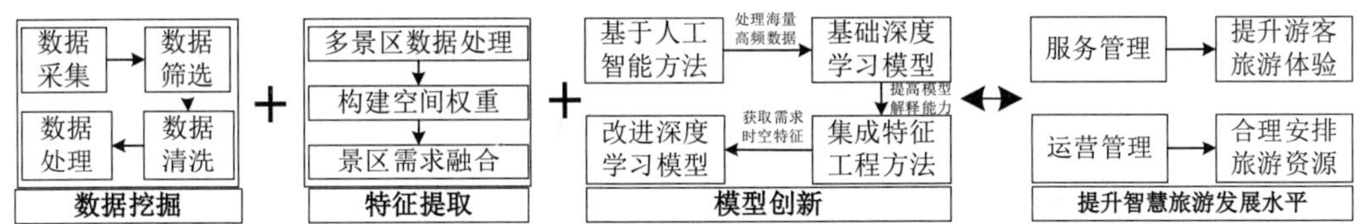

图1　研究技术框架

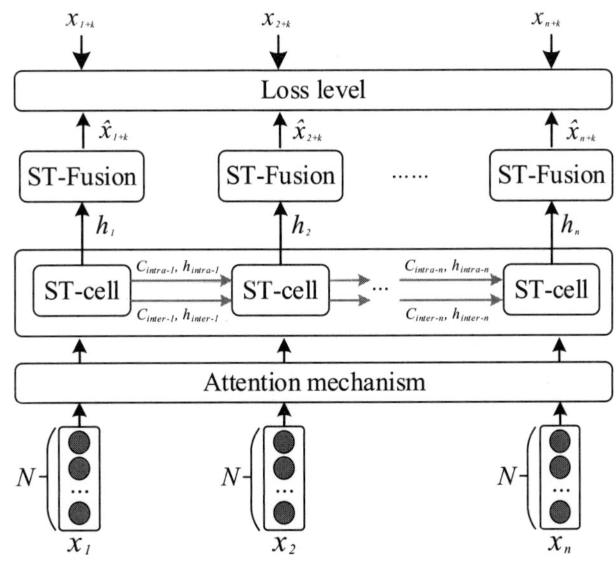

图2　研究模型结构

三、理论创新和学术价值

研究进一步拓展了人工智能在旅游领域，特别是旅游需求预测领域的应用，这对于旅游需求建模方法论的发展具有重要意义。同时，本研究以海量数据为基础，综合集成多学科研究方法，有助于拓展旅游研究视角、推进旅游科学管理方法论进步、丰富旅游研究理论体系，创新跨学科的旅游管理理论。

四、应用价值和经济、技术、社会效益

本研究也具有切实的实际意义。从数据驱动的角度研究旅游需求有助于提前规划与安排旅游资源，注重需求侧管理，满足游客日益增长的深度体验需要，提升智慧旅游建设水平。

专著类

——一等奖

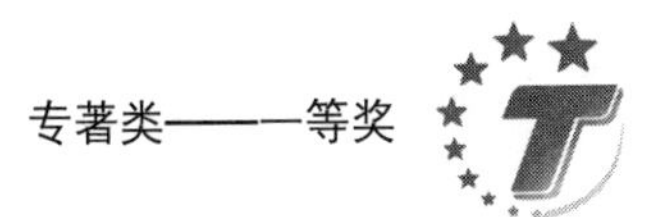

主题公园发展：中国案例

作　　者：保继刚，梁增贤
依托单位：中山大学
成果类别：个人成果

中国主题公园的发展实践，走过了30多年的历程。当前，中国主题公园产业发展进入一个新的时期，国际品牌纷纷进入，中国品牌也开始走向世界。重大主题公园项目的开发不仅关系企业的成败，也备受政府、业界、学界和民众关注，往往成为社会焦点。本书通过对过去30年中国典型主题公园开发案例的深度剖析，对其开发、规划、经营管理成败进行理论解释，从而寻找适合中国国情，乃至适用全球情境的主题公园理论。本书中许多案例的数据资料罕见，分析深入，理论视角独特，所提供的系统解释和分析思路对未来中国主题公园走向理性发展提供理论指导。

一、研究内容

本书分为15章。第一章首先回顾了中国游乐园的兴衰史，指出中国游乐园的兴衰深刻地反映着中国快速发展的时代背景和地区社会经济不平衡的地理环境。中国市场广阔，地区差异巨大，主题公园和传统游乐园均有其生存空间。判断一个地区、一个城市是开发主题公园还是建设游乐园，应该以所处的时代和地域社会经济条件而定。第二章讲述了20世纪八九十年代末期的锦绣中华•民俗村的发展神话，指出二者的成功开发因应了特定市场和地理位置所赋予的时代需求，具有一定的特殊性。第三章剖析了福禄贝尔科幻乐园的悲剧，指出福禄贝尔的失败表面上是一系列技术原因导致的，实际上是过分相信欧美经验、欧美参数，而忽略中国的实际国情，强调开展主题公园开发的前期可行性论证的重要性。第四章、第五章和第六章分别回顾了广州的“造月工程”、深圳的主题公园“大跃进”以及珠海的主题公园“大跟风”。三个城市基于各自的社会经济条件和市场区位，都尝试开发了一系列主题公园项目，其中很大一部分公园最后倒闭或转作他用了。粤港澳大湾区三个重要城市的主题公园发展实践，表明主题公园的发展与所在城市功能和地位、旅游业在城市中的角色、城市的形象、城市区位以及政府作为紧密相关。第七章比较分析了深圳世界之窗的持续发展和长沙世界之窗的窘境，指出主题公园要因应时代需求和市场变化，通过景区持续不断的更新改造以维持吸引力，从而保持一定的市场份额，但要让景区进一步增长，则需要重构旅游吸引力。第八章重点分析了一个位于三线城市，城市经济不算发达，宏观区位不算优越，微观区位尚可，开业时间又比锦绣中华晚了将近10年的清明上河园的可持续发展之道。第九章讨论苏州乐园的发展。苏州乐园与欢乐谷都是国企开发，但发展路径不同，对主题公园的发展思路和企业定位也有很大差异，决定了两个公园不同的发展结果。第十章分析了一个影响很大但没有建成的武汉长江乐园，指出主题公园开发的投资模式和主体条件的重要作用。第十一章详细分析了欢乐谷从深圳走向全国连锁发展的过程，指出了它能够不断创新发展的关键因素。第十二章回顾了华强方特的发展历程，分析了华强方特各个阶段战略转变的背景、过程及其效果，为其他主题公园企业集团的发展提供了新的路径。第十三章讲述了海昌系列主题公园从沿海走向内陆城市的发展布局，分析了海昌主题公园的核心优势以及轻资产发展道路。第十四章重点分析了长隆在广州和珠海的发展。长隆系列主题公园从零开始发展壮大的历程彰显了民营企业的灵活和善变，能够及时发现市场，捕捉市场，壮大市场。第十五章讲述了作者多次参与国际品牌主题公园引入国内的评审论证经历，指出我国还是要积极引进国际品牌主题公园，学习他们好的东西，促进民族品牌的发展，同时不要给予外方过高的投资激励，让我方承担过高风险，要给予中国主题公园企业一个相对公平的竞争环境，从根本上促进中国民族品牌的发展。

二、研究框架和研究方法

本研究主要从主题公园可持续发展的视角，基于作者过去30多年的主题公园研究积累、行业咨询和企业合作课题，对中国典型主题公园开发案例进行深度剖析，对其开发、规划、经营管理成败进行理论解释，从而寻找适合中国国情，乃至适用全球情境的主题公园理论。本书构思良久，采用案例研究方法，所选案例经过时间检验，全书成文历时5年。一方面，许多早期案例的资料和数据比较庞杂零散，多年来也没有系统整理，收集起来后，又发现不足，查缺补漏需要时间。课题组开展了一系列补充调研，考察实地，访问当年的亲历者。另一方面，近年来新出现的一些主题公园我们也缺乏详细数据，为获第一手数据，也需要开展调研。过去 30 年，中国游乐园和主题公园的案例不仅于此，作者按照三项原则进行了遴选。一是作者和其团队亲历和熟知的，二是案例数据资料保密调控允许公开的，三是作者认为案例及其背后的经验教训值得借鉴的。

三、理论创新和学术价值

（1）完善和优化了主题公园影响因素系统分析框架。主题公园投资大、风险高、回收周期长。本研究通过多案例研究检验，进一步完善和优化作者早期提出的主题公园影响因素系统分析框架。该框架指出，主题公园的可持续发展主要受一系列因素的影响，如客源市场和交通条件、区域经济发展水平、城市旅游感知形象、空间集聚和竞争以及决策者行为等。其中，客观因素主要包括 2 个必要条件和 2 个限制条件。本书运用该分析框架，具体分析了中国主题公园的典型案例，解析了他们成败的原因。该框架从旅游地理学的视角，提出了分析和理解主题公园可持续发展的思考维度和分析路径。

（2）构建了基于中国真实情境的主题公园发展案例库。现有主题公园的理论研究和案例总结主要基于西方情境提出，并不完全适用于中国情境。中国人口众多，社会经济的地区间、城市间差异较大，加之特殊的消费偏好和文化倾向，欧美主题公园的理论很难适用中国。本书基于中国的真实情境，总结和分析过往 30 年典型主题公园探索式发展所呈现的经验，经过科学地分析和论证，提炼出理论，构建中国主题公园发展案例库，建立了中国主题公园发展的系列参数。该成果不仅能够指导中国未来的主题公园发展实践，并能从重新审视西方理论，为其他国家提供新的路径和中国方案。

四、应用价值和经济、技术、社会效益

本研究通过典型案例的回顾与深度剖析，揭示了在中国情境下主题公园可持续开发与运营的一般规律和特点。1989 年，在深圳开业的锦绣中华一年多即收回投资，神话般地开启了中国主题公园产业发展的历史。过去 30 年，中国主题公园产业经历了几次发展浪潮。大量资本涌入后才发现，原来主题公园投资和开发并非易事，与一般景区相比，主题公园需要更多的规划和开发知识。每一次浪潮都积累了宝贵的经验和教训。通

过长期跟踪的纵向案例研究，提出了一些能够指导中国主题公园开发运营的经验。

第一条经验就是：凡是符合市场需求的主题公园，只要回归市场本身，投资合理、开发得当，都会发展起来。中国过去几次主题公园开发的浪潮，既有资本冲动、文化自大、管理失当，也有其他产业发展和城市化建设的需要。最为典型的现象就是主题公园与房地产的综合开发。主题公园开发易受房地产“绑架”，打着所谓“旅游地产”的旗号进行圈地开发，结果主题公园要么是“半拉子工程”，要么规划设计存在缺陷，要么经营缺乏可持续性。与此同时，一些国外知名的主题公园品牌，尤其是国际知名主题公园品牌易受地方政府和企业追捧，地方政府给予过高的土地、资金、经营等优惠，牺牲自身重大利益争取项目落户，无形中破坏了公平的投资环境。地方政府和国有企业可能因此承担巨大的投资风险和债务。

第二条经验是：不能照抄、照搬欧美国家主题公园的开发经验，也不能把他们的规划建设理论直接拿到中国就用。中国的国情与美国有很大的不同，坐在私家汽车轮子上的美国市场，跟坐在公共交通工具上的中国市场遵循的是不同的出游规律和消费习惯，这直接导致了中美主题公园在规划、选址、布局、结构、功能上的巨大差异。中国人口多，东部地区人口密集，如果参照美国主题公园市场选址的标准，我国不仅一线城市，二、三线城市甚至部分四线城市都达到了开发大型主题公园的标准。本研究提出的可持续开发规律从我国最基本的人口、交通、城市形象和社会经济等因素进行了系统研究。

本研究认为，中国是世界经济增长最快的地区，人口快速向城市集聚，城市休闲娱乐需求激增。只要投资合理，开发得当，在经济相对发达的城市，主题公园就能获得较好的效益，这既是国外主题公园开发规律的借鉴，更是中国主题公园产业30年来理性开发经验积累的共识。

旅游体验设计

作　　者：舒伯阳
依托单位：中南财经政法大学
成果类别：个人成果

一、研究内容

研究基于体验经济时代大背景，在全面梳理国内外有关旅游体验设计成功案例基础上，创造性地提出了旅游体验设计 TPPV 全链条模式（T—主题创意、P—感知诱导、P—流程设计、V—价值植入），探索旅游体验设计行为内在规律，以不断逼近“旅游体验设计”的本质。

（1）在理论上阐述了体验经济时代与旅游体验的本质。紧密结合体验经济时代背景，从消费者人性视角深度剖析了“旅游体验”的本质，全面系统地梳理了与“旅游体验”相关的旅游符号及互动仪式、旅游凝视、体验本真性与心流、拟剧与游戏等基础理论的精髓。

（2）探讨了体验设计大师创意的心路历程。在归纳众多设计大师成长经历的基础上，从设计师内审的视角，提出了旅游体验设计师五大独特能力的修炼之路：创造体验意义的“创造力”、编织梦想的“想象力”、引发疯传的“时尚感”、移情换位的“同理心”、化身玩童的“童趣心”，并结合案例解读了本只可意会的修炼心经。

（3）结合国际上前沿的行为设计理论，独创性地构建了从主题创意（Theme）、感知诱导（Perceptions）、流程设计（Process）到价值植入（Vaule chain）的“旅游体验设计 TPPV 全链条模式”。研究认为旅游体验是可以被设计的，旅游体验设计作为一项具有挑战性的新兴设计领域需要创新与创意。在 TPPV 的设计框架中，从旅游者体验感受出发，旅游体验被分解成从“主题线索、符号体系、感人故事、五觉设计、场景营造、游戏代入、设计仪式感、再造心流程、构建价值空间、衍生价值变现”10个设计模块，同时这些设计模块又可在不同的旅游体验场景中自由组合变换，以致可终极变幻出多重世界的八大体验领域。

（4）引入案例实证解析了旅游体验设计具体实践。研究采用旅游体验设计能力五要素和TPPV设计模式，通过全面剖析七个旅游体验设计案例，生动展现了旅游体验设计的精髓。同时通过对涵盖当前10大类旅游体验的45个实战案例的介绍，首次从专业视角和实操层面解读了众多经典旅游体验案例背后的设计打造奥秘。

二、研究框架和研究方法

（一）研究框架

研究共包括五大部分：第一部分为相关理论原理。主要概述了体验经济时代的由来与特征、旅游体验的本质以及相关理论基础。第二部分为体验设计修炼。从“创造力—创造意义”“想象力—编织梦想”“时尚感—引发疯传”“同理心—移情换位”“童趣心—化身玩童”五个关键修炼环节，重点探讨了一个合格的旅游体验设计师如何在“创造力、想象力、时尚感、移情同理心、童趣心”五大能力上修炼进阶。第三部分为体验设计TPPV模式。作者全面总结国内外众多大师的设计心得，凝练形成了旅游体验设计的TPPV模式。第四部分为旅游体验设计实践。通过对神鲵出天山、峡江橙之旅、火车慢时光等八个“旅游体验”设计案例的全案解析，揭示了“旅游体验设计TPPV模式”的具体操作细节。第五部分为旅游体验设计案例。精选国内外旅游体验设计的经典案例，从专业视角解读相关案例在“主题设计、体验细节、专项体验设计”三方面的具体设计奥秘。

（二）研究方法

文献分析法：通过国内外相关专业文献资料的研究，梳理出专著主要的脉络和内容，为设计策略的构建和旅游体验设计核心模型实践提供理论支撑。

多学科研究法：研究充分结合了旅游学、心理学、设计学、营销学等学科的相关知识进行理论跨学科交叉研究。

实例分析法：通过对与理论相关的国内外经典实践案例进行分析，支持相关论点。

三、理论创新和学术价值

（一）理论创新

全书将研究主题直接而系统地定位在“旅游体验设计”这个主题上，并直面旅游体验产品的打造这样的目标，将理论研究成果体现为体验产品的设计，理论立意具有前瞻性与创新性。体验经济理论的提出与广泛关注，使学者们开始从不同的行业、不同的研究内容和研究角度对体验经济进行研究，并开始将体验经济作为一种经济形态来研究。本书对“旅游体验设计”进行概念研究，试图从理论层面探讨体验经济时代旅游体验设计这种创意行为内在规律。通过融入体验设计的理念对旅游体验中的主要环节结合体验经济的特征进行相应研究，以旅游者感受或体验为旅游开发的中心，强调旅游的本质与旅游者的收获，创造性地开发出旅游体验设计的 TPPV 模式。

因此，从理论的角度来看，本书结合体验经济在旅游体验设计的理论层面进行创新，探讨旅游体验设计能力基础、旅游体验设计目标及设计模式及旅游产品设计的新思路，使旅游体验活动能够真正地达到关注旅游的主体——人的心理需求和体验，实现旅游活动及旅游产业的持续发展，为旅游研究结合社会经济形态或其他学科来探讨出旅游新的思路、新内容，并以此服务于旅游实践。

（二）学术价值

体验经济时代已经到来，而旅游体验则以全方位的场景沉浸和置身现场的身心经历，当之无愧地成为当今最能展现体验经济精髓的消费领域。时代呼唤设计思维，而作为人类高级精神需求的旅游体验更需要被精心设计。面对众多学术理论流派的自说自话及令人眼花缭乱的实践经验，业界依旧在没有清晰航线的暗夜摸索前行。《旅游体验设计》一书正是该领域的前沿探索成果，更是当前国内外旅游体验设计理论与实践集大成的首创之作。《旅游体验设计》得到了中国旅游研究院院长戴斌及国内旅游体验理论研究权威学者谢彦君教授的高度认可并欣然作序推荐，具有较高的学术价值。

四、应用价值和经济、技术、社会效益

《旅游体验设计》的出版，首先在旅游的理论界，作者将其丰富的旅游体验产品设计的实践经验和长期的理论思考系统化、理论化，可为旅游体验从业者“胸有千卷，

实无一策”的困惑提供理论参考与指导。其次，在旅游的实践界，旅游业界悄然涌现出以“体验设计”为中心的新一轮服务设计与产品升级，并高擎起“体验”的大旗，以此作为吸引眼球的市场品牌主张。专著研发的旅游体验设计TPPV模式可为如何践行旅游体验设计这种创意行为提供技术参考，对旅游体验产品设计、旅游景区全产业链打造、营销宣传等实际应用方面具有重要的指导作用，具有较高的应用价值和技术效益。

《旅游体验设计》出版后，获中国旅游出版社教材与学术、旅游节庆营销智汇、CTDU中旅联、神州旅创文旅集团等微信公众号刊登序言、转摘解析专著内容，并在《中国旅游报》刊登书评。此外，该专著首创提出的“旅游体验TPPV模式”得到了湖北宜昌交运集团股份有限公司和造物家（武汉）文创产业有限公司的吸收和引进，分别为两家公司的“两坝一峡”和“觉醒的酿造师”旅游项目提供了技术指导。其中，在“两坝一峡”旅游项目中，该司所属的19艘游轮和7个码头港站服务流程中通过对“旅游体验TPPV模式”的探索应用，游客明显感受到“两坝一峡”旅游项目较以前大有改观：旅游主题更突出、体验感更强、游程互动更有趣、二次消费更主动。“觉醒的酿造师”旅游项目通过“旅游体验TPPV模式”的探索应用，自上线营业以来，好评如潮，根据携程网、大众点评网反馈的评论数据，收到评价百余条，好评率达97%，还在小红书App上获得无数的点赞与好评，具有良好的应用效果、经济效益和社会效益。

专著类

——二等奖

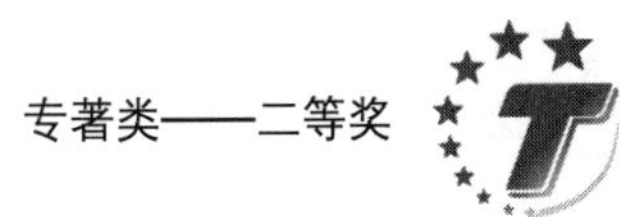

背包旅游：用生命去丈量大地

作　　者：朱璇
依托单位：上海师范大学
成果类别：个人成果

一、研究内容

本书源自国家自然科学基金“移动性视角下背包旅行者的时空差异及其作用机制研究”，是体现背包客极端移动性（extreme mobility）的典型国内个案剖析。以“我”为个案，解析一个中国旅行者如何能够突破“穷”“独”“娃”“病”和非西方国籍身份等的制约，自由行走，并形成“人文主义者”和“多中心主义者”的身份认同。

本书架构极具特色，主体内容利用游、走、飞、丫四个主题对水、陆、空、人各个旅行界面及其活动进行了有机的连接，串联起了横贯这四度空间的大多数旅行活动，故事性和主题性兼得，很好地体现了“我”作为一名典型而真实背包客代表的“全域”性，也使得“我”的话语更具权威性和说服力。

二、研究框架和研究方法

（一）研究框架

本书研究框架可按图 1 的内容表达。

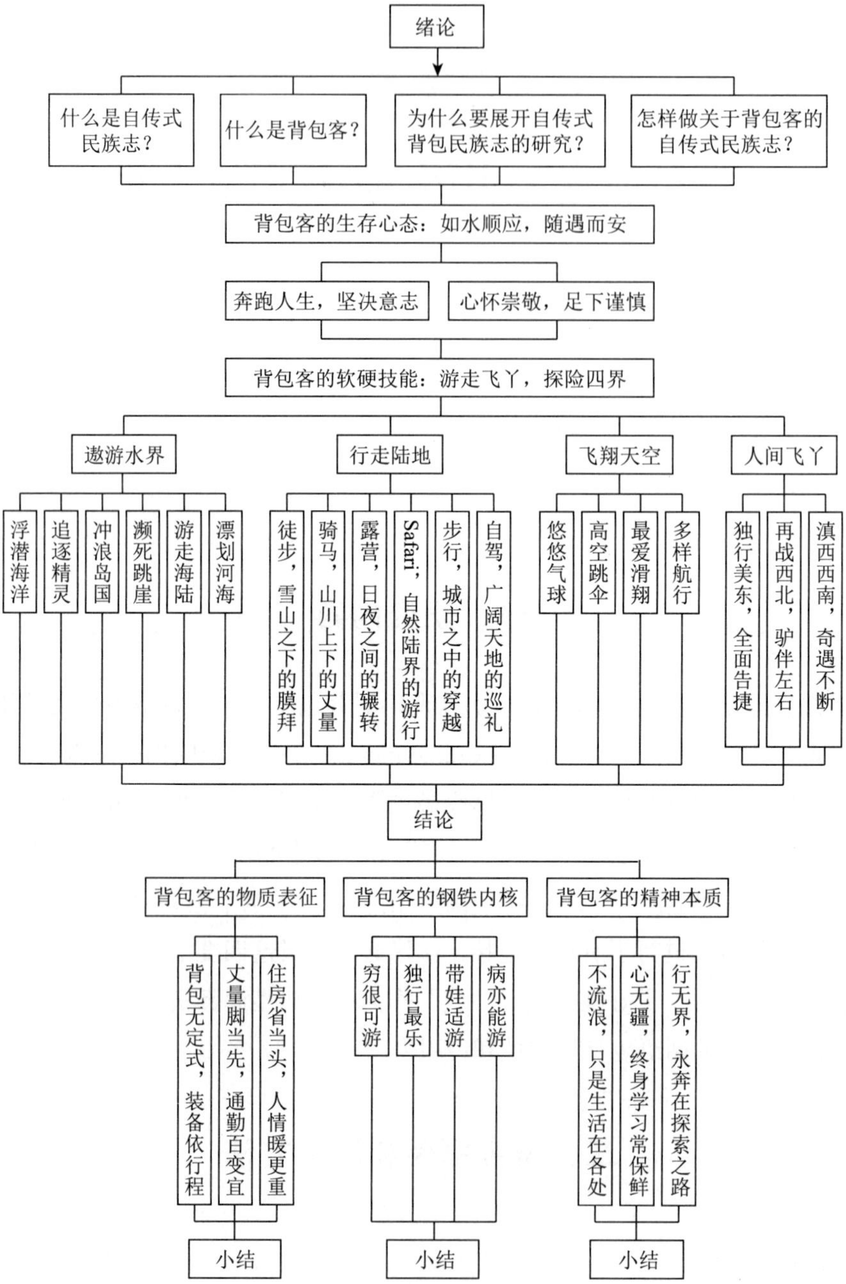

- 绪论
  - 什么是自传式民族志？
  - 什么是背包客？
  - 为什么要展开自传式背包民族志的研究？
  - 怎样做关于背包客的自传式民族志？
- 背包客的生存心态：如水顺应，随遇而安
  - 奔跑人生，坚决意志
  - 心怀崇敬，足下谨慎
- 背包客的软硬技能：游走飞丫，探险四界
  - 遨游水界
    - 浮潜海洋
    - 追逐精灵
    - 冲浪岛国
    - 濒死跳崖
    - 游走海陆
    - 漂划河海
  - 行走陆地
    - 徒步，雪山之下的膜拜
    - 骑马，山川上下的丈量
    - 露营，日夜之间的辗转
    - Safari，自然陆界的游行
    - 步行，城市之中的穿越
    - 自驾，广阔天地的巡礼
  - 飞翔天空
    - 悠悠气球
    - 高空跳伞
    - 最爱滑翔
    - 多样航行
  - 人间飞丫
    - 独行美东，全面告捷
    - 再战西北，驴伴左右
    - 滇西西南，奇遇不断
- 结论
  - 背包客的物质表征
    - 背包无定式，装备依行程
    - 丈量脚当先，通勤百变宜
    - 住房省当头，人情暖更重
    - 小结
  - 背包客的钢铁内核
    - 穷很可游
    - 独行最乐
    - 带娃适游
    - 病亦能游
    - 小结
  - 背包客的精神本质
    - 不流浪，只是生活在各处
    - 心无疆，终身学习常保鲜
    - 行无界，永奔在探索之路
    - 小结

图1　研究框架

（1）绪论：主要就研究缘起、基本概念、研究方法、资料来源、主体结构、研究流程做一概述。

（2）背包的生存心态和游、走、飞、丫的软硬技能：本书主体板块，各自独立成

为五章。每章分为2~6个主题（节），每个主题下由若干组团故事支撑。这些组团故事构成自传式民族叙事，是形成最后的结论的论据和论证。

为了真实还原“我”在背包参与当时的体验和感受，本书大量选取了微信日志原文，最末汇总简短评价与建议，其中不仅有针对自我行程和经历的反思型评价，也有针对背包客和目的地建设发展的应用型建议，还有针对理论研究者的研究型启示。

第一章：背包客的生存状态。围绕“如水顺应，随遇而安”的观点来组织材料，在背包旅行中“我”这一生存生态又体现为：①“奔跑人生，坚决意志”的外在显示和内在精神。②“心怀崇敬，足下谨慎”的内在认知和外在表现，两者统一为“有所畏有所不畏”的背包态度。

第二章到第五章：背包客的软硬技能。围绕“探险四界，游走飞丫”这一思路来组织材料。

“四界”谐音“世界”，而“游走飞丫”则是“我”的微信名片，这一八字联动的观点是指探险世界可以通过游、走、飞、丫四种方式从水上（下）、陆地，空中等三个自然界面和人（与人）间界面共四个不同空间进行，分别对应“遨游水界”（第二章）、“行走陆地”（第三章）、“飞翔天空”（第四章）、“人间飞丫”（第五章）这四章的内容。

本书将游、走、飞、丫与水界、陆界、空界和人界多个组团故事串联，展现背包客以身体硬壳及硬功夫和文化资本及软技能为媒介探险世界的立体化、多元化方式和活动。

（3）结论：以“我”为故事线索串联起的自传式民族志的意义和理论思考，对已有的背包旅行和背包客研究的概念进行全面的梳理和重新界定，试图对背包旅行进行全方位的再概念化（reconceptualization）。

（二）研究方法

本书是一名背包客和背包客研究者基于个人背包旅行经历和体验的自传式民族志，“自传式民族志”是本书的研究方法，也是最后的成果形式。

本书通过“我”的描述、回忆和反思来展示我者、他者及我者与他者之间的故事，在我者他者化的过程中构建地方性知识和多样化的世界观。本书是“我”在背包旅游研究田野中形成的民族志，是“我”所收集到和阐释的数据，以本人为对象写成，是关于自己的背包田野及实践的民族志。

（1）运用这一方法的研究必要性：以人类学方法进行背包旅游研究的学者，随着研究本地化程度的加深，研究经验及人际关系变得独特，自己不能被其他人复制，因此写下自己的研究田野和故事，解读自身作为参与者的独特经历，对理解研究本身来说至关重要。

（2）运用这一方法的独特优势：作为国内第一位致力于研究背包旅游的学者，作者一直从事基于参与者观察的研究，身体力行，积累了大量学术论文发表前的一手资料。背包旅行出生入死的惊险体验和文化历险，只有通过研究者的亲身参与，才能塑造出与研究群体的共通语言及研究者自身的研究话语。

（3）运用这一研究方法遵循的步骤：本书遵循应用人类学研究的五个步骤是描述、比较、解释、评价和建议，通过对个人旅行生活时的叙事、比较、解释和评价，提出能够提升背包旅游自身技能素养以及改善主客关系的建议。

（4）运用这一研究方法的资料来源：自传式民族志把亲身体验和自我意识作为数据来源，以“我”的视角表达自我意识、表现自主性。由于“我”作为背包客的个人历史“源远流长”，在历时性研究中留下多点田野手记和回忆笔录，为本书的撰写提供了大量的初涉“现场”的实时一手文本。

三、理论创新和学术价值

（1）本书是国内第一本旅游领域内的自传式民族志，在应用人类学和旅游人类学领域具有开创性意义。

近年来国内已有的旅游人类学著作，译著偏多，理论性强。国内作者专著或以导论概述为主（如彭兆荣的《旅游人类学》），或以聚焦案例的学术研究为主（如孙九霞的《旅游人类学的社区旅游与社区参与》），而从未有过类似列维·施特劳斯《忧郁的热带》那样，记录自己在研究原始部落时情趣盎然、寓意深远的思考历程与生活体验。

本书将自传式旅行故事和人类学专著两种体例相结合，以畅销书语言写学术故事，以背包客视角写下背包研究者的观察和体验，融地理、历史、人文、自然于一体，是一本独树一帜、雅俗共赏的学术著作。

（2）本书第一次对背包客和背包旅行进行了全盘的再概念化，从跨文化的角度重塑背包自助旅行的概念定义系统。

通过自传式民族志的写作，本书与已有背包旅行研究形成对话，从物质表征、钢铁内核和精神本质三个维度对背包客研究进行了全盘的梳理和再概念化。通过对这一领域已有的研究方法和研究方向进行的回顾，重新界定背包自助旅行；从跨文化角度和现代背包自助旅行发展的趋势，系统建构背包自助旅行研究的起点，对旅游和文化

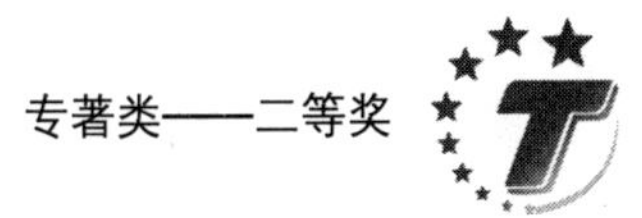

学界的研究者具有很好的参考价值和启示作用。

四、应用价值和经济、技术、社会效益

（一）应用价值和实际效益

（1）作者以二十余年“上天入地”的经历，故事性地为读者解读自然与旅游、文化与旅游、社会与旅游的关系，培育具备真正“旅行能力”的旅行者。

本书历时性地展示了一位深度参与背包客研究的学者宏阔而刺激的实地田野，揭示背包客和人类学研究的“后台”和“探险”。通过诠释背包旅行之于自我、之于自然、之于社会的意义，可以唤起更多大众的体悟和觉察，帮助背包客以及所有向往自由旅行之境界的读者理解他们所处的世界，帮助他们成为理性、负责任、有能力的自助旅行者，使得旅行和休闲能力贫困、旅游消费技术不足等不再成为制约人们获得高质量旅游体验的障碍。

本书将起到提升旅行者背包技能、反思旅行体验、深化自我意识、构建有意义旅行观的作用，培养更多更具同理心和好奇心、更会旅行的旅行者。

（2）本书以“用生命去丈量大地”“拼死旅行”的极致“游民”的真实行为阐述，帮助背包自助旅游的开发者、设计者和管理者，深入了解背包自助旅行的特点，探查其需求边界，为创新性地规划、开发和管理文旅融合的旅游目的地，合理规范和引导背包自助旅游市场提供决策依据。

作者游历四海的真实事件和视觉触角，有利于国内背包自助旅游目的地开发者和管理者充分了解这一类具有“极端移动性”特点的群体，探索其需求，为设计有特色的文旅融合产品、打造有意义的地方、合理规范和引导市场提供扎实可靠的依据和建议。

（二）社会面的反馈评价和前景

上海交通大学出版社从外审到编辑等各环节都给予本书高度评价，认为这是2021年该出版社出版的最好图书之一。为了适应更多背包客和普通读者等社会群体进行更广泛的阅读，出版社曾与作者协商，考虑出版本书的社会普及版（非学术版）。

本书甫一出版，即在微信读书等网络媒体上架，销售量和好评率居前。本书成果极易得到社会的认可、推广和应用，对推进文化与旅游在旅行者个人层面、旅游目的地等企业层面和旅游管理部门等政府层面的融合，具有广阔的应用前景和潜力。

邮轮经济学

作　　者：廖民生，黄学彬，董志文，宋红娟，黄颖，管晓仙，孟亚军，徐涛，李龙芹
依托单位：海南热带海洋学院
成果类别：集体成果

一、研究内容

本书在总结国内近二十年的邮轮经济发展建设实践的基础上，总结经验，凝练理论，从历史和现实，将中国邮轮经济学融入“海洋经济”战略、“一带一路”倡议和人类命运共同体的全球视野中，对国内邮轮经济学进行了完整的考察、探究和解读。

其中主要内容集中在以下几个领域。

1. 邮轮制造经济

全球的邮轮建造是邮轮产业链经济上游最重要的一环。邮轮产业链上游是邮轮制造船厂，主要业务是邮轮设计、邮轮制造、机械电子和信息服务等。邮轮产业具有高附加值性，它的建造技术和研发从一开始就是集中在欧洲少数几家公司手中，没有建造过邮轮的公司基本上很难渗入这个领域。

2. 邮轮行业巨头经济现状

全球邮轮市场供给显示，全球市场份额和邮轮运力供给也在持续增长。全球邮轮产业仍然是一个寡头垄断市场。通过对嘉年华邮轮集团（Carnival Corporation&plc）和皇家加勒比邮轮有限公司（Royal Caribbean Cruises Ltd.）两家世界邮轮集团的邮轮经营群落分析可以得出，邮轮旅游市场具有寡头垄断又高度竞争的特点。高度竞争特性加上极高的固定成本和管理成本，一方面使得邮轮市场的进入壁垒过高，导致竞争者数量有限，另一方面使得各参与方一旦进入该市场就很难轻易退出，导致竞争异常激烈。

3. 邮轮消费经济

本书将邮轮产业的消费群体定义为与邮轮直接相关的核心购买者，其中分为两大部分：一部分为邮轮乘客和邮轮船员，另一部分为邮轮企业本身。前者称为消费者，其经济效益主要体现在邮轮乘客和船员在登船前、登船后的整个巡游过程中，在休闲购物、岸上观光和住宿、餐饮等方面的支出；而后者称为采购者，其经济效益体现在邮轮公司在满足消费者需求过程中的直接采购支出，包括视频、饮料、酒水、燃料、酒店用品和设备、导航和通信设备以及其他必需的产品和服务。

4. 邮轮港口经济

根据自然条件、技术要求和服务功能的差异，国际上往往将邮轮港口划分为三种类型：邮轮母港、挂靠港和简易码头。邮轮母港的经济效益包括以下组成部分：赚取外汇，带来新的产业与商机，促进港口城市就业，提升港口城市国际形象，提升港口服务管理水平。

二、研究框架和研究方法

（一）研究框架

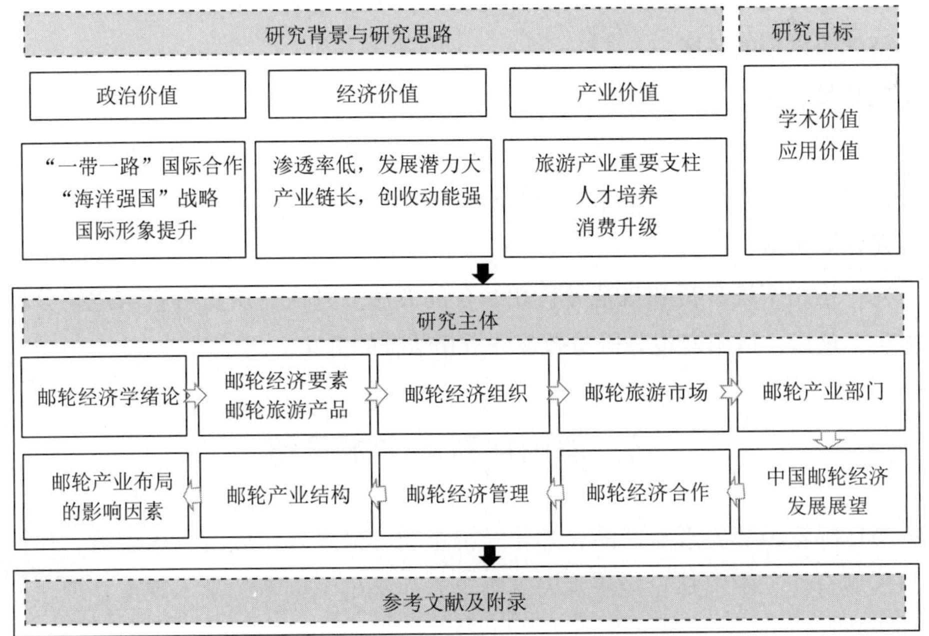

图 1　研究框架

（二）研究方法

1. 文献研究法

通过对国内外的邮轮产业文献进行研究，全面了解和掌握国内外邮轮产业的研究背景、发展现状和发展趋势，并借鉴国外的成功经验，再对产业链、演化经济学进行搜索，得出对本书有作用的理论和模型，在这些基础上提出我国发展邮轮产业链的具体应对措施。

2. 调查法

调查法是科学研究中最常用的方法之一。它是有目的、有计划、系统地搜集有关研究对象现实状况或历史状况的材料的方法。

3. 观察法

研究者根据一定的研究目的、研究提纲或观察表，用自己的感官和辅助工具去直接观察被研究对象，从而获得资料。

4. 实验法

实验法是通过组织变革、控制研究对象来发现与确认事物间的因果联系的一种科研方法。

5. 统计分析法

统计分析法是指借助统计工具对邮轮经济现象进行研究的方法，是统计学方法在邮轮经济学研究中的拓展。

6. 图标模型法

绘制表格是处理各项邮轮价格及指标的数据排列及比对较为方便、直观的方法，再进行横向或纵向的比较研究时，表格的运用尤其广泛。

7. 定性研究法

首先，运用实证分析和规范分析相结合的方法；其次，历史分析与逻辑分析相结合的方法；最后，运用宏观分析与微观分析相结合的方法。

三、理论创新和学术价值

本书在邮轮经济要素与产品、邮轮经济组织、世界邮轮旅游需求市场、邮轮经济国际与区域合作、中国邮轮经济发展展望等方面提出了创新的学术观点、理念和对未来市场的预判。

四、应用价值和经济、技术、社会效益

（1）本书由海南热带海洋学院副校长、海南省自由贸易港邮轮游艇研究基地主任廖民生教授率领其团队主编的高校教材《邮轮经济学》由中国海洋大学出版社出版。该教材共计27.8万字，是国内高校邮轮专业教材，以产业经济学、区域经济学、管理学理论为支撑，强调邮轮经济理论体系构建与邮轮产业发展实践相结合。

（2）邮轮产业被誉为水上黄金产业，发展至今已有200余年历史。随着世界邮轮产业东移趋势的出现，“中国因素”地位凸显，国际邮轮公司对亚洲市场的运力投放呈现较快的上升趋势。我国作为全球第二大邮轮市场，自2006年上海成为中国第一个邮轮母港以来，三亚、厦门、天津分别开放邮轮母港。虽然受新冠肺炎疫情影响，全球邮轮业进入停摆状态，但随着防疫工作的推进，疫情终将被控制，中国邮轮业仍将是长期向好趋势。在海南自贸港建设的大背景下，让学生了解、掌握邮轮方面的专业知识尤为重要。

（3）本书的框架设定和知识体系的构建，紧扣“海洋经济”战略、“一带一路”倡议、“海洋命运共同体”的构建等内容，站在历史和现实、中国和世界的高度，将中国邮轮经济学发展置于全球视野中观察，是国内目前全面研究邮轮经济学的一部比较系统完整的考察、研究、解读和探索的力作。

（4）本书对于高校邮轮经济学、经济管理学人才培养和科学研究有重要参考价值，同时适合沿海、沿江、沿湖地区的商业机构、政府行业主管机关、邮轮旅游产业链、供应链、创新链的有关人员阅读学习。现已被中国海洋大学和海南热带海洋学院作为课程教学用书。

（5）本书是第一部申请外译出版的中国邮轮经济学著作，拟由英国牛津大学出版社全英文正式出版并全球发行，将是邮轮经济中国经验进行国际传播与交流的重要渠道；也是书中各方面实践经验进行国际论证，学术主张进行辩论与求证的重要途径。本书的外译出版将更有利于向国际社会展示习近平经济思想、外交思想，阐释中国道路、中国主张；将有利于向国际社会展示中国的文化自信；让国际社会全面客观了解当代中国在邮轮经济方面的发展建设与成果。

新时代下中国旅游景区发展研究

作　　者：战冬梅
依托单位：中国旅游研究院（文化和旅游部数据中心）
成果类别：个人成果

一、研究内容

本书以党的十八大以来中国旅游景区的发展变化为重点，对景区进行从宏观视野到微观供需上的分析，进而提出景区发展的价值取向与建议。本书共分为10章。第1章在判断景区阶段性特征的基础上，总结了景区发展成就与发展经验；第2章对党的十八大以来宏观政策影响下的景区发展新气象进行了解读与分析；第3章依托笔者所在中国旅游研究院课题组发放"游客行为与满意度调查问卷"，对旅游景区的市场需求状况进行分析；第4章依托笔者所在中国旅游研究院课题组编制景区景气指数，从行业角度分析景区经营状况与企业家信心；第5章分析中国旅游景区中最有代表性的5A级景区增量及发展情况；第6章基于景区类上市公司财务数据，对景区头部公司的经营状况、盈利能力、营运能力、偿债能力和发展能力进行分析；第7章剖析了中国旅游景区发展的机遇与挑战；第8章论述新时代下景区发展价值取向与发展路径；第9章分析总结景区发展过程中存在的问题；第10章分析景区发展趋势并提出发展建议。

二、研究框架和研究方法

研究框架：本书立足宏观视野下的中国旅游景区发展分析，从供需两个方面对中国旅游景区的发展与投资展开研究，最后对新时代下中国旅游景区未来发展加以展望，提出发展建议。

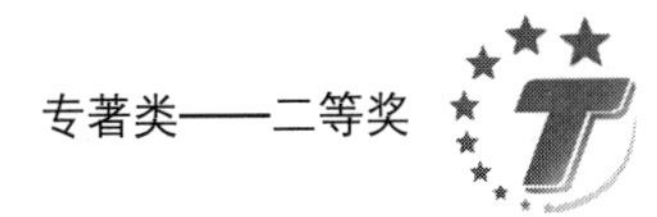

研究方法：深度访谈、问卷调研，定量与定性研究、宏观与微观相结合的方法。

三、理论创新和学术价值

在中国特色社会主义新时代，在大众旅游从初级阶段向中高级阶段演化的进程中，景区仍然是游客观光和本地人需求满足的基本载体，但同时，随着生活方式、价值取向和消费行为的改变，需求侧的变化明显，游客越来越倾向于对目的地生活方式的整体体验。面对不断涌现的新变化和新情况，本书在大量数据的基础上，结合国家宏观政策走向，在全面分析过去十年景区发展趋势与轨迹的基础上，首次提出新时代下中国旅游景区发展的内在机制。致力于解答新时代下如何把握大众旅游的新需求、培育景区发展的新动能，如何在发展中解决问题，如何持续不断满足人民群众对美好生活的向往从而实现高质量发展。

四、应用价值和经济、技术、社会效益

“十四五”规划明确指出“建设一批富有文化底蕴的世界级旅游景区和度假区”。作为旅游业的核心载体，景区业的任何一点风吹草动都牵动着旅游业的发展神经。应当说，在食、住、行、游、购、娱的产业链中，中国景区走出了一条最为与众不同的道路，有优势有弊端，有成就有问题，有褒奖有指斥。因此，本书从理论到实践，都带着对时代的理解，深深扎根于本土环境来对中国的景区发展进行全面的梳理和解读。以为中国旅游景区的发展做出实践上的指引。

专著类

——三等奖

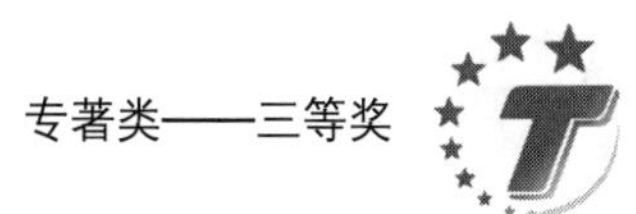

非物质文化遗产旅游开发的理论与实践

作　　者：阚如良
依托单位：三峡大学
成果类别：个人成果

一、研究内容

一是非遗保护传承的现状研究。在文献综述和非遗名录统计梳理的基础上，提炼得出了非遗的无形性、特殊性、地域性、多元性、活态性和脆弱性特征，总结了我国非遗保护传承成效及存在的突出问题。

二是探索非遗保护传承与旅游开发的关系，构建了非遗保护传承与旅游开发的PPB三圈耦合机制。在分析非遗旅游价值和旅游促进非遗保护传承作用的基础上，探讨了二者之间相互促进效应、交互约束效应，总结得出了由保护圈（P）、发展圈（P）和效益圈（B）相互作用的非遗保护传承与旅游开发三圈耦合机制。

三是非遗旅游开发的适宜性评价，构建了PCPIB五维度评价模型。从开发潜力（P）、开发条件（C）、保护性（P）、传承性（I）和预期开发效益（B）五个维度的准则层和25个评价因子层，构建了非遗旅游开发适宜性评价模型，划分为五个等级（优、良、中、较差、差）来评价非遗旅游开发的适宜性。

四是非遗旅游开发模式研究，归纳总结了四分法开发模式。按照表演艺术类、传统技艺类、文学作品类、传统习俗类“四分法”，剖析典型非遗旅游开发案例，总结得出相应的生境舞台表演模式、文化空间再造模式、文化场景演绎模式、特色节庆活动模式，并从开发条件、开发手段、表现形式、产品内容等方面对四种模式比选分析，提出了“分析—选择—实施—评估”四步法。

五是非遗旅游商品开发研究。基于地方感和符号价值理论，分析了非遗旅游商品的双重性和二元性特征，建立了基于互利共生的非遗旅游商品地方感开发模式，提出了非遗旅游商品开发流程与方法。

六是案例实证研究。以世界级非遗秭归端午节为例，对其旅游开发的适宜性、开发模式和旅游商品开发等进行研究，得出其旅游开发适宜性评价达到“良好”级别，同时多维度提出了旅游活态开发模式和旅游商品开发对策。

七是非遗保护传承与旅游开发的互动对策及应用研究。结合作者主持编制的旅游规划案例，基于旅游目的地非遗的整合开发，总结了人本范式、品牌 IP 化、项目主题化、产业融合化、产品体验化、活动场景化六大策略，并指导湖北西部地区的非遗旅游开发实践。

二、研究框架和研究方法

（一）研究框架

非物质文化遗产是人类宝贵的精神财富，在市场经济激活下正不断释放出独特魅力和经济价值。合理利用各类非遗资源，大力发展文化创意和旅游产业，是当今经济社会和文旅消费的流行趋势，逐渐成为非遗挖掘保护和有效传承的手段之一。因此，利用非物质文化遗产进行旅游开发已成为不可回避的现实问题。那么如何指导并规范这种开发行为，防止遗产开发的过度商业化和旅游活动的庸俗化、低级趣味化，已然成为要解决的关键性问题。为解决这一关键性问题，本成果按照以下框架（图 1）展开研究。

（二）研究方法

基于非遗保护传承的问题导向，在综合采取文献分析法、田野调查法、案例研究法、归纳演绎法的基础上，运用数理分析法构建定量的评价模型，充实了非遗旅游开发的定量研究方法；同时本成果把实证研究与理论构建结合起来，体现了较高的思想境界和问题意识。参评成果不仅注重非遗单体的保护传承与旅游开发研究，还注重旅游目的地非遗综合的开发实践探索，不仅是纯粹的理论构建，更有非遗旅游开发的实践探索，在理论指导实践中不断修正形成了非遗传承人、文化空间和文化生境的整体保护传承与旅游开发体系。

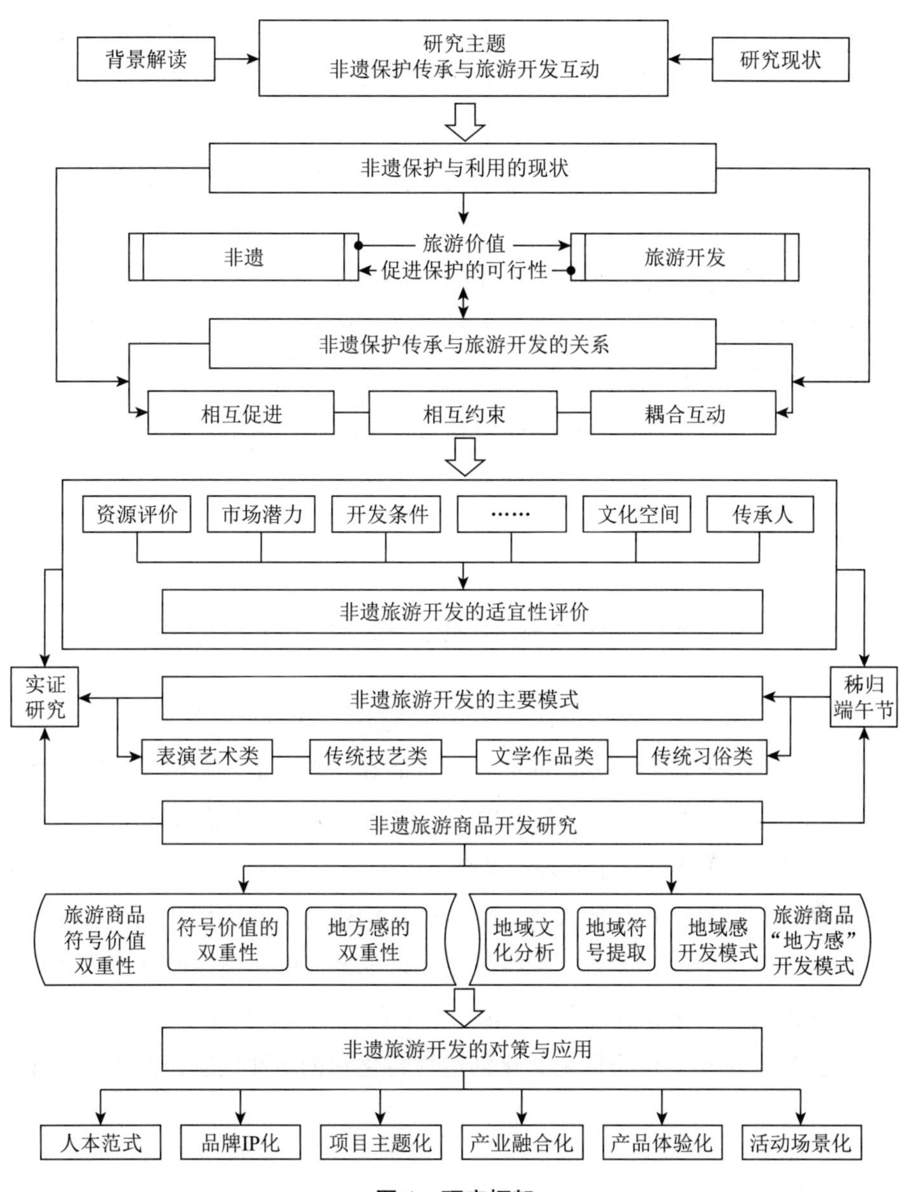

图 1　研究框架

三、理论创新和学术价值

本研究不回避非遗保护传承与旅游开发的现实矛盾，统筹考虑文化大繁荣与文化产业大发展的关系，形成的理论创新与学术价值是：

一是构建了非遗保护传承与旅游开发的 PPB 三圈耦合机制，有利于形成保护圈、发展圈、效益圈协调发展的非遗复合有机体，促进非遗保护传承和旅游效益释放。

二是构建了非遗旅游开发适宜性的 PCPIB 五维评价模型，有利于定量评价各类非遗的旅游开发适宜性。

三是提炼了非遗的四分法旅游开发模式，即表演艺术类的生境舞台表演模式、传统技艺类的文化空间再造模式、文学作品类的文化场景演绎模式、传统习俗类的特色节庆活动模式，有利于针对性指导各类非遗单体资源的旅游开发。

四是构建了基于互利共生的非遗旅游商品地方感开发模式，有利于指导开发具有符号价值的地方感旅游商品。

五是实践探索形成了旅游目的地非遗整合开发的六大策略，即人本范式、品牌 IP 化、项目主题化、产业融合化、产品体验化、活动场景化，有利于指导旅游目的地非遗旅游开发的具体实践。

四、应用价值和经济、技术、社会效益

本研究立足于非遗旅游开发的可行性和适宜性，调研不同类型的非遗典型案例，构建了非遗保护传承和旅游开发之间的互动机制和互动对策，总结了不同类型非遗的开发模式，归纳提出了非遗旅游商品开发策略和旅游目的地非遗旅游开发的六大策略，为非遗旅游开发提供了案例样本和理论遵循。

本研究从文化旅游产业化的视角，坚持理论构建与实践应用相结合，体现了“以文塑旅、以旅彰文”的时代要求，在指导湖北西部地区的非遗旅游开发实践中产生了显著效益，被湖北省文化和旅游厅、宜昌市、襄阳市以及长阳土家族自治县、秭归县、宣恩县应用推广，推动了优秀传统文化创造性转化和创新性发展，促进了文化和旅游高质量发展。

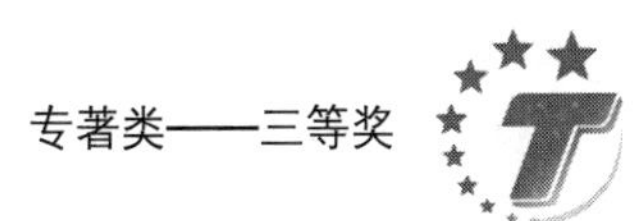

重新发现手艺：可持续旅游发展视野中的传统民间工艺

作　　者：徐红罡，唐周媛，王辉
依托单位：中山大学
成果类别：集体成果

一、研究内容

中华优秀传统文化是中华文明的智慧结晶和精华所在，习近平总书记在多次考察和讲话中都论述了弘扬中华优秀传统文化的重要历史价值和社会意义。传统工艺是中华优秀传统文化的重要组成部分，2022 年 6 月 28 日文化和旅游部等 10 部门印发《关于推动传统工艺高质量传承发展的通知》，进一步明确“推动传统工艺实现创造性转化、创新性发展”，“更好服务经济社会发展和人民高品质生活”的工艺创新和实践应用政策导向。

《重新发现手艺：可持续旅游发展视野中的传统民间工艺》一书结集了中山大学、佛山职业技术学院文旅融合与传统工艺研究团队长达十年的研究成果。本成果以联合国可持续发展峰会提出的“可持续发展目标”（Sustainable Development Goals，SDGs）为理论框架，聚焦不同的旅游发展方式下地方传统工艺面临的创新机会、生存危机与传承挑战，细致描绘了非遗技艺、非遗产品、传承人、地方与社会等多要素之间的关系、互动和过程。

本研究基于不同的问题导向解析地方传统工艺演化的有机过程，结合 SDGs 的融合性概念框架开展分析。选取多种具有典型地方特色的工艺案例，既包括藏族唐卡、壮族织锦技艺、景德镇手工制瓷技艺、银饰锻制技艺、白族扎染技艺、佛山狮头彩扎、广东剪纸等 12 项国家级非遗项目，也包括杭州市手工艺活态馆、大芬油画村等代表当代艺术的工艺文化空间，体现了对历史诠释项目和生活中的文化产品、旅游吸引物的多元对象的广泛思考。

本研究指出，传统工艺与 SDGs 的多元目标诉求之间并非总是正向关系，因此需要更审慎的研究和监测，探索传统工艺生存、发展的过程与其他目标之间的关系，理解工艺传承系统内在的复杂性、交叉性、多样性，描绘可持续发展视野下地方工艺实现创造性转化和创新性发展的路径。本成果紧扣 SDGs 的目标体系开展哲学社会科学理论探讨，如通过借鉴 Lee & Jamal（2008）提出的环境正义—可持续旅游框架（EJ–ST Framework），研究大理周城白族扎染企业的环境正义和“气候行动”（目标 13），探索扎染传统工艺的未来可持续发展之路；结合产业集群理论，开展深圳大芬村的案例研究，指出由于传统工艺的生产处于不同的产业组织、社会网络和关系中，因此创新的过程也与促进具有包容性的可持续工业化、推动创新的发展目标（目标 9）紧密连接；此外，传统工艺的有机存续推动了乡村、城市发展的相互融合，体现了 SDGs 中通过文化和自然遗产的保护，对建设包容、安全、有抵御灾害能力和可持续的城市和人类住区的促进作用（目标 11），借鉴于此，本成果分析了佛山狮头彩扎工艺倡导的文化和遗产“教育”（目标 4）、“可持续城市和社区”（目标 11），以及始终贯穿人类命运发展主题的“良好健康与福祉”（目标 3）等相关议题。

整体来看，SDGs 是全球的共识，但是如何搭建旅游产业、传统工艺、文化遗产之间的桥梁，实现可持续发展目标，仍然是亟待解决的难题。本研究提出的理论框架和研究结论，为地方开展非遗传承保护，弘扬中华优秀传统文化提供理论和实践上的借鉴和参考。

二、研究框架和研究方法

（一）研究框架

2015 年联合国发展峰会通过《2030 年可持续发展议程》，确立可持续发展的全球视野应该包括包容性的社会发展、环境可持续性、包容性的经济发展、和平与安全四个方面，并提出“可持续发展目标”，涵盖 17 项目标（含 169 项子目标及 232 项任务指标），如图 1 所示。

图 1　联合国可持续发展目标

本研究将传统工艺放置于可持续发展框架内进行讨论。由于旅游业是影响传统工艺的重要因素，也是实现可持续发展的重要途径，因此本研究重点关注可持续发展视野下、旅游情境中传统工艺的生存、发展问题。可持续发展、旅游情境、传统工艺三者的关系构成了本研究关注的焦点。研究框架由 SDGs 视角下的传统工艺、旅游情境下传统工艺的生存和发展问题两大方面构成，研究框架如图 2 所示。

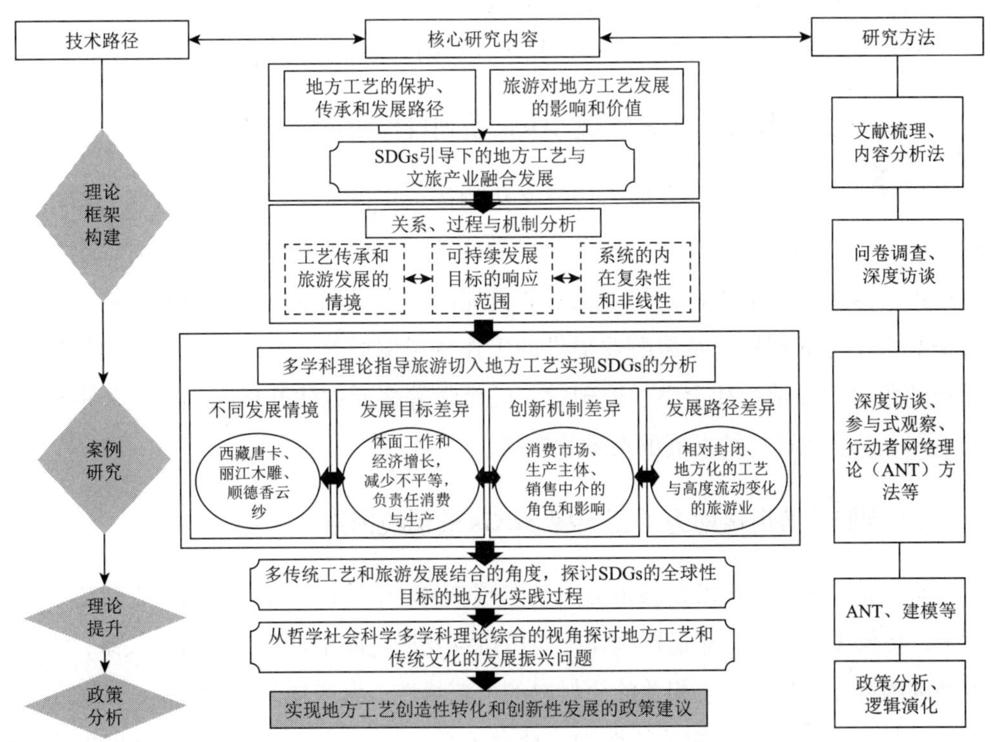

图 2　研究框架

（二）研究方法

本研究主要采用文献分析、问卷调查等定性研究方法，研究场景跨越传统村落、城市社区、制造工厂、活态展示馆等不同地点，涵盖 SDGs 的 17 项目标中提出的多元发展维度和问题。研究团队从 2009 年开始进入不同案例地，结合采用深度访谈、参与式观察、摄影、录像等多种方法收集研究资料，并在此后 10 年进行多次回访和跟踪调查。

三、理论创新和学术价值

（一）借鉴 SDGs 目标体系，构建旅游业衔接传统工艺的研究框架

本研究重点关注可持续发展视野下、旅游情景中传统工艺的保护、传承和发展问题。可持续发展、旅游情境、传统工艺三者的关系是本研究关注的焦点。地方传统工艺作为一种技术，是一种重要的文化与社会建构。本研究以技艺和技术作为看待社会和文化发展的切入点，检视物质性的传统工艺形塑日常经验、参与主体性构成以及权力关系编织的过程，回归文旅融合背景下地方工艺实现可持续发展问题的交叉性、复杂性、融合性，为传统工艺的研究视角和研究思路开辟新的方向。

（二）审视旅游对地方工艺实现 SDGs 系列目标的贡献和挑战

本研究提出，旅游业的发展为传统文化的传承提供了新的场景和机遇，但是可持续发展的目标之间往往有冲突，旅游业在为持续发展做出潜在贡献的同时，也存在许多有悖可持续发展的活动，例如，旅游业可能产生大量碳排放量、旅游活动引发新的不公平和不平等的现象以及旅游业提供的工作待遇偏低等。本研究以辩证的视角看待旅游业的角色，并结合社会学、地理学、民俗学等多元方法开展案例研究，审视旅游业对地方工艺实现可持续发展的贡献和挑战。

（三）观照旅游衔接地方工艺实现 SDGs 的情境因素

本研究重点关注了旅游衔接地方工艺实现 SDGs 中的情境因素，提出在旅游发展的情境下，传统工艺振兴、非遗资源保护与可持续发展之间呈现更为复杂的关系，需要解构内外部因素（包括与工艺相关的原材料的可获得性、生产技艺的延续性、工艺传承场景的特殊性，也包括与人相关的性别、社会关系、身份认同等）及因素之间的交互作

用。因此，需要细致考察情境中的要素，理解影响传统工艺生存和发展的具体问题。

四、应用价值和经济、技术、社会效益

（一）依托社会科学理论研究成果，推动文旅融合中的地方工艺保护和传承工作

成果应用于地方非物质文化遗产保护和传统工艺的可持续发展实践中，获得《佛山日报》转载，刊发《在新书〈重新发现手艺〉发现佛山非遗传承路径》，对成果在推动佛山非遗传承与哲学社会科学理论研究的相互结合、促进地方工艺保护实践中的贡献予以肯定。

此外，成果由中共佛山市南海区委宣传部、佛山市旅游协会、佛山黎婉珍工作室等社会团体、文化传承机构采用。2022 年 5 月中共佛山市南海区委宣传部、佛山市旅游协会分别下发《关于〈重新发现手艺〉对推动弘扬中华优秀传统文化的说明》《关于〈重新发现手艺〉推动地方传统工艺可持续发展的社会价值证明》，对成果的社会价值和文化价值予以肯定。

（二）搭建非遗传播平台，推动中华优秀传统文化进社区、进校园、进课堂

以成果相关社会科学理论研究为指导，项目参与者开展中华优秀传统文化进校园、进社区的技能实践，与非遗传承人联合组建技能大师工作室，开展大学非遗技艺研习活动，开发非遗教育课程、教材及教学配套资源，实现弘扬优秀红色文化，传承精益求精工匠精神的目的。

佛山黎婉珍工作室与成果第二完成单位佛山职业技术学院共建黎婉珍技能大师工作室，推动理论研究成果融入地方教育和非遗传承实践：（1）2021 年佛山职业技术学院获佛山市社会科学联合会授予“佛山市社会科学普及示范基地”；（2）根据广东省社会科学界联合会发布的《关于认定广东省人文社会科学普及基地的通知》（粤社科联通〔2021〕31 号），佛山职业技术学院“岭南优秀传统文化与民族精神教育基地”“佛山市非遗文化科普基地”“佛山木版年画传统工艺与精神文化教育基地”分别被评为广东省人文社会科学普及基地；（3）参评成果作为教学教材和专业读物，为学生开展技能学习和创新创业活动提供理论指导，学生获得 2022 年广东大学生科技创新培育专项（攀登计划）项目立项。

区域旅游业发展的空间溢出与关联特征

作　　者：马丽君
依托单位：湘潭大学
成果类别：个人成果

一、研究内容

（1）旅游发展空间溢出与关联的理论探索

系统总结国内外相关研究进展，梳理相关的理论和研究方法，界定本研究的相关概念和研究范围。初步分析旅游发展溢出的路径，揭示网络关注度与旅游流之间的相关关系，分析以网络关注度数据对旅游流进行研究的可行性，探索影响旅游发展空间关联的因素，为后续研究奠定理论基础。

（2）旅游发展空间溢出效应分析

分析各区域国内旅游的总旅游流流入和流出规模的季节变化特征。考察各区域间的旅游流流量大小、流动方向及年际、年内变化，以及各区域旅游流的集聚扩散能力及其年际、年内变化，探索影响旅游流集聚扩散能力的因素。计算各区域年或季度旅游流的净流入或净流出，并分析其年际和年内变化。分析各区域间旅游经济发展是否存在因果关系，对存在溢出关系的区域，测算溢出效应的强度。在此基础上，分析各区域旅游经济发展溢出和受益的空间范围及其形成原因。考察各区域对其他区域溢出效应的大小、各区域旅游经济发展总溢出和总受益、各区域旅游经济发展净溢出或净受益状况及年际变化，揭示区域旅游经济发展溢出效应的差异及原因。

（3）旅游发展空间关联特征及影响因素分析

利用社会网络分析法，揭示旅游流网络结构特征及其年际、年内变化，各区域在旅游流网络中所扮演的角色、各自的优势和劣势并探究原因，考察影响旅游流溢出的因素和机制。揭示旅游经济发展的空间关联特征，分析各区域在旅游经济发展整个网络中所扮演的角色、各自的优势和劣势并探究原因。并从不同的时间截面，考察旅游经济发展空间关联网络特征的变化。探索影响旅游经济发展溢出的因素和机制。

二、研究框架和研究方法

本研究一共分为七个章节，第一章为绪论、第二章为概念界定与研究方法、第三章为旅游流空间溢出效应及其影响因素分析、第四章为旅游经济发展的空间溢出效应分析、第五章为旅游流空间关联网络结构特征及影响因素分析、第六章为旅游经济发展空间关联网络结构特征及影响因素分析、第七章为结论与展望。

主要研究方法如下：

（1）采用文献分析和质性研究法进行文献综述和述评，掌握与项目相关的研究进展及其变化态势。同时对相关的理论和研究方法进行梳理、分析和归纳，界定本研究的相关概念和研究范围。

（2）利用季节性强度指数、集聚扩散指数，分析各区域国内旅游的总旅游流流入和流出规模的季节变化特征，以及各区域旅游流的集聚扩散能力及其年际、年内变化。利用向量自回归（VAR）模型、格兰杰因果关系检验法，探索各区域间旅游经济发展是否存在因果关系。采用引力模型、脉冲响应函数、方差分解，测算溢出效应的强度。

（3）利用社会网络分析法及相关分析软件，绘制空间关联网络图，从整体网和个体网两个层面，对旅游流网络结构、旅游经济空间关联网络结构进行评价，利用皮尔逊相关检验法检验、QAP相关分析和回归分析等方法检验各因素对旅游流、旅游经济空间关联的影响，分析各影响因素的边际效应。

三、理论创新和学术价值

（1）构建基于旅游流、旅游经济两个维度，以及多个时间和空间尺度的旅游发展空间溢出与关联的理论分析框架，提出相应的分析思路和方法，有助于推动相关研究从单一时空尺度向多时空尺度转变，以及研究思路和方法的完善，提高研究结论的精准度，有助于研究内容向立体化、综合化、系统化、深入化发展。

（2）采用百度指数数据进行旅游流相关分析，有助于推动大数据在旅游地理学中的应用，为基于大数据的旅游相关分析提供理论支撑，同时推动了旅游流与信息流的交叉综合研究。

（3）分析各区域间国内旅游流流动情况，考察各区域国内旅游流的时空分布特征及影响因素，揭示旅游流网络结构特征及形成机制，丰富旅游流相关研究。

（4）利用格兰杰因果关系检验和引力模型，测算各区域旅游经济发展的溢出效应，揭示国内、入境旅游经济发展空间关联的网络结构特征及形成机制，拓展和完善旅游经济溢出效应和空间关联相关研究的方法、范围和内容。

（5）进一步深化对流空间理论内涵的理解和实现区域旅游发展空间溢出与关联的科学认知，丰富旅游地理学、行为地理学的理论内涵和方法体系，推进两者的交叉综合研究。

四、应用价值和经济、技术、社会效益

（1）本书的相关研究，有助于发现和揭示旅游流、旅游经济的流动规律，可为旅游企业旅游线路组织、对外投资提供参考，促进旅游相关企业发展。

（2）有助于揭示游客、资金的偏好，为旅游地客源市场开发、招商引资提供理论依据；有助于发现和识别影响旅游流和旅游经济流动的要素，为旅游地提升或改善关键要素，提高对旅游流、旅游经济的吸引力，促进旅游地旅游发展提供参考。

（3）揭示各区域在旅游网络中所扮演的角色和地位，以及各区域间的相互作用关系，对制定相关政策措施优化区域旅游网络结构，提高区域旅游发展循环质量，推动区域旅游业协调发展和高质量发展有重要意义。

（4）本书先后受国家自科基金“旅游地游客网络关注度与客流量时空分布特征及互动机制研究（41501156）”“长江中游城市群国内旅游发展空间关联网络特征及形成机制（41871123）”、湖南省教育厅优秀青年基金“旅游地游客网络关注度时空分布特征及其形成机制研究（15B243）”、湖南省社科评审委员会项目“湖南省旅游经济发展的空间关联特征及其形成机制（XSP18YBZ071）”、湖南省社科基金“湖南省居民省内旅游流网络结构特征及其形成机制研究（17YBA370）”5 个项目 100.61 万元经费的资助，书中相关研究先后整理成 9 篇学术论文，发表在《经济地理》《地理科学》等刊物上，其中 1 篇被人大报刊复印资料全文转载，共被引 152 篇次，被下载 6363 篇次（2022 年 7 月 1 日知网检索），受到社会的广泛关注。撰写过程中培养硕士 5 名。

［1］马丽君，邓思凡．省际入境与国内旅游流网络结构特征及比较分析［J］．地理

与地理信息科学，2021（5）. 被下载 506 篇次。

［2］马丽君，肖洋 . 湖南居民省内旅游流网络结构特征分析［J］. 河南科学，2019（2）. 被引 4 篇次，被下载 344 篇次。

［3］马曼曼，马丽君 . 湖南省旅游经济增长的空间关联网络结构分析［J］. 经济研究导刊，2019（6）. 被引 3 篇次，被下载 291 篇次。

［4］马丽君，肖洋 . 长江中游城市群旅游经济增长空间关联性分析［J］. 江南大学学报（人文社会科学版），2018（6）. 被引 5 篇次，被下载 339 篇次。

［5］马丽君，张家凤 . 湖南各市州旅游经济发展的溢出效应分析［J］. 旅游研究，2018（6）. 被引 3 篇次，被下载 395 篇次。

［6］马丽君，肖洋 . 湖南省居民省内旅游流的集聚扩散时空特征——基于网络关注度数据的分析［J］. 旅游导刊，2018（2）. 被引 15 篇次，被下载 457 篇次。

［7］马丽君，肖洋 . 典型城市居民国内旅游流网络结构特征［J］. 经济地理（CSSCI），2018（2）. 被引 52 篇次，被下载 1271 篇次。

［8］马丽君，马曼曼 . 基于社会网络分析法的中国典型城市入境旅游经济增长空间关联性分析［J］. 河南科学，2017（12）. 被引 6 篇次，被下载 477 篇次。

［9］马丽君，龙云 . 基于社会网络分析法的中国省际入境旅游经济增长空间关联性［J］. 地理科学（CSSCI，人大报刊复印资料全文转载），2017（11）. 被引 64 篇次，被下载 2283 篇次。

边境旅游：理论探索与实证研究

作　　者：王桀
依托单位：云南大学
成果类别：个人成果

一、研究内容

关于边境旅游的研究主要涉及三个方面的问题：一是边境旅游的发展基础，包括边境旅游资源、边境旅游片区、边境旅游政策等问题；二是边境旅游的研究议题，包括边界与边境、核心与边缘、冲突与合作、目的地与客源地等问题；三是边境旅游的发展影响，包括政治影响、经济影响、文化影响等问题。本书即是围绕上述三个方面的问题展开研究的，主要研究内容如下。

第一部分为边境旅游研究背景。在第一章“我国边境旅游发展概况”中对我国边境旅游资源、边境旅游片区和边境旅游发展态势进行了概述。第二章“边境旅游研究议题”对边境与边界、边境旅游等概念进行了界定，同时，对边境旅游研究的视角、研究的内容进行了梳理。

第二部分为边境旅游理论探索。包括第三章“边境旅游吸引物”、第四章“边境旅游系统”、第五章“边境旅游流集散模式”、第六章“边境旅游影响理论”四大板块内容。边境旅游吸引物理论揭示了边境旅游中“边界”的特殊属性，即社会性和政治性的双重属性，并提出了边境旅游吸引评价指标和评测方法。边境旅游影响理论对影响的形成机制、理论基础、研究视角和对影响的干预手段进行了探讨。边境旅游系统理论是本书理论构建的核心，首次提出边境旅游系统是一个基于“边界功能”特征的特殊旅游系统，并对边境旅游系统模型、旅游流集散模式进行了研究。

第三部分为边境旅游实证研究。包括第七章“边界景观评价”、第八章“边境旅游影响测度”、第九章“边境旅游产品开发”三部分内容。边界景观评价采用IPA分析法，对云南边界景观进行了测评。边境旅游影响测度采用的是旅游经济联系模型、社会网络矩阵等方法，对云南与东盟的旅游经济影响、“一带一路”背景下云南和广西与东盟的旅游经济联系进行了测度。边境旅游产品开发以跨境自驾旅游线路策划为例，对澜湄跨境自驾旅游区进行了研究。

第四部分为边境旅游政策研究。包括第十章“云南边境旅游调查”、第十一章“边境旅游政策”和第十二章“‘两区’建设与对策”三部分内容。云南边境旅游调查的内容主要包括对中缅边境、中老边境和中越边境的旅游发展现状、面临的问题。根据前文对边境旅游系统理论、影响和政策的探究，结合我国边境旅游发展现状、资源特征及“两区”政策，提出发展边境旅游需要解决三个面向的问题：面向三大基础理论开展对外合作，面向三要素系统进行边境旅游开发，面向三大影响进行制度建设。

二、研究框架和研究方法

（一）研究范式

考虑到旅游流产生的流速、流程、流量以及国家边界的封闭、半封闭、开放功能，研究认为边境旅游研究所采用的基本范式应当是行为、偏好和演化，而非关于开发成本、经济收益与产业发展的传统分析范式。为搭建边境旅游理论支撑体系和框架，研究根据我国边境旅游发展的实际，对边境旅游吸引物、边境旅游三个子系统、边境旅游三种集散模式和边境旅游影响进行理论探索。边界的吸引物特征产生旅游流集聚，边界的封闭功能对旅游流产生阻滞，边界的开放特征对旅游流产生扩散。在边界功能和旅游流的共同作用下，边境旅游对地区发展、国家关系、文化交流产生巨大影响，而这种影响在传统研究中被忽略了。

（二）研究方法

为验证理论构架，在实证研究方面，以定性分析与典型案例研究为基础，对边界景观评价、边境旅游影响测度、边境旅游产品演化进行实证分析。其中，“一带一路”与边境旅游采用旅游经济联系测度和社会网络演化方法，云南与东盟区域经济采用空间计量研究方法，澜湄跨境旅游线路产品采用定性设计研究方法。研究选取的典型案例，较为完整地体现了边境旅游发展的复杂性和多样性，同时也契合“一带一路”“乡村振兴”“双循环”等国家战略。

（三）政策回应

最后，将理论研究与实证研究相结合，对边境旅游政策进行了深入分析。基于云南边境旅游发展现状的调查，对我国边境旅游政策进行梳理，重点剖析了“两区”政策，并提出政策建议。总体来说，研究逻辑框架严谨、研究视角新颖，从系统视阈将经验、案例、计量和设计等不同的研究方法结合起来，既创新性地构建了边境旅游理论框架，又以翔实的客观数据资料为验证，既体现理论体系的严整性，又契合我国发展实际和国家战略需要。

三、理论创新和学术价值

（一）理论创新

（1）首次提出边境旅游系统是一个基于“边界功能”特征的特殊旅游系统，并对边境旅游系统模型、旅游流集散模式进行了研究。极大地丰富了边界效应与边境旅游发展关系的理论体系，是边境旅游系统理论的重要补充，也是对旅游目的地可持续发展理论的有力支撑。（2）基于“边界”视角对边境旅游的概念进行区分和界定，解决了学术界概念、认知不统一的问题。（3）立足于沿边地区区域发展的视角对旅游产生的影响进行审视，填补了边境地区旅游发展的理论研究空白；提出了我国边境旅游政策的理论依据，即边境旅游政策需要解决好三个面向问题（面向基础理论、面向系统要素、面向旅游影响）。

（二）学术价值

（1）边境旅游吸引物理论揭示了边境旅游中“边界”的特殊属性。即社会性和政治性的双重属性，并提出了边境旅游吸引评价指标和评测方法。（2）边境旅游影响理论对影响的形成机制、理论基础、研究视角和对影响的干预手段进行了探讨。首先，边界的三大功能（封闭型边界、开放型边界和半封闭半开放型边界）引致三大类型的边界效应，集聚效应、阻滞效应和扩散效应；其次，实证研究证实了边境旅游地存在“连而不通”“通而不畅”“互联互通”三种差异，并对边境旅游活动产生阻滞效应、集聚效应和扩散效应。

四、应用价值和经济、技术、社会效益

本书对边境旅游研究议题和研究方法的拓展和创新进行了有益的探索；基于“边界”视角对边境旅游的概念进行区分和界定，解决了学术界概念、认知不统一的问题；立足于沿边地区区域发展的视角对旅游产生的影响进行审视，填补了边境地区旅游发展的理论研究空白；提出了我国边境旅游政策的理论依据，即边境旅游政策需要解决好三个面向问题。在“一带一路”时代背景下，本书的理论研究和政策探讨具有一定的学术价值和指导意义。研究结论指出，我国边境旅游发展政策的制定，要避免采取“一刀切”的方式，不同地区需要制定不同的政策。边境旅游经济发展政策要充分考虑邻国经济特点、本地经济基础的差异化特征，从而制定差异化发展策略。例如，东北边境应该以本地经济发展为核心，西北边境应该以通道建设为核心，西南边境应该以“跨境旅游合作区”为核心。

研究报告类

——一等奖

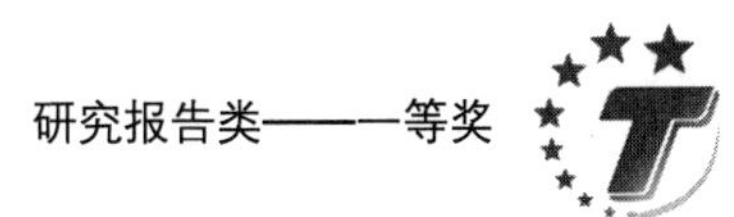

中国自然保护地的生态旅游特许经营机制研究

作　　者：张海霞，苏杨，张旭亮，王爱华
依托单位：浙江工商大学
成果类别：集体成果

一、研究内容

本报告有七部分内容：政府特许经营的制度逻辑研究，自然保护地生态旅游特许经营发展的国际经验，我国自然保护地生态旅游经营许可案例分析，我国自然保护地生态旅游特许经营管理体制建设，中国自然保护地体系生态旅游特许经营项目准入机制，中国自然保护地体系生态旅游特许经营资金管理机制，中国自然保护地体系生态旅游特许经营保障机制。

二、研究框架和研究方法

本报告属于面向我国生态旅游政府规制的应用基础研究。运用公共管理、规制经济学、演化经济学分析思路，按照国外经验梳理和国内现状评估两条主线，从目标实现与问题（WHY）、原则与范围（WHAT）、权力配置与制度保障（HOW）三方面剖析自然保护地体系生态旅游特许经营机制，研究提出构建自然保护地生态旅游特许经营机制的对策建议。

三、理论创新和学术价值

第一，本报告构建了从“传统管治”到“现代善治”的生态旅游规制理论模型。

本报告建立在“价值—制度—治理”的分析逻辑之上，突破囿于管治视野的传统研究逻辑，通过“价值建构—制度解构—政策重构”技术路径，解读政策语境、挖掘本质规律、面向关键因素，探讨后面向“善治”目标的自然保护地生态旅游特许经营体制，分析框架上的创新有利于提高生态旅游政策研究的科学性。

第二，本报告解析了从“普适性价值”到“中国实情”的生态旅游特许经营制度演化逻辑。解析了各国自然保护地特许经营的价值生成和边界范畴，探索生态旅游特许经营的普适性价值内涵，基于中国现实情境提出自然保护地生态旅游特许经营的本土化价值内涵，为后续更微观的本土化生态旅游特许经营研究确立了逻辑起点。

第三，本报告提出了从“规制失灵”到“规制变革”的自然保护地生态旅游特许经营的先验探索。本报告基于钱江源、三江源、普达措、天目山、西溪湿地等自然保护地系统调研，解构了自然保护地生态旅游特许经营制度，研究发现导致生态旅游规制失灵的三组矛盾关系，聚焦主要矛盾，理论上提出合同、资金、政策三类特许经营规制工具创新，是公共规制研究在自然保护地领域的应用和发展。

四、应用价值和经济、技术、社会效益

本报告尝试破解中国新体制改革中生态旅游经营性项目泛化、过度增长等根源性问题，为我国国家公园为主体的自然保护地体系的旅游经营利用和科学管制提供系统性框架和政策依据。前期研究成果获国务院总理李克强批示，《建立中国特色国家公园特许经营机制，谨防自然保护地过度利用的建议举措》获国家主要领导人肯定性批示、中央网信办采用，其他系列成果获得多部门采纳，并通过全国政协转部委办局。本报告可为我国自然保护地规范生态旅游发展，突破部门主义，自然资源部、文化和旅游部、生态环境部多部门联合规制提供直接有效的决策参考。为我国自然保护地体制突破关键难点，以生态旅游促进人与自然和谐共生提供实践指导。

本报告前期成果先后获得文化和旅游部、国家林业和草原局、生态环境部、国家社科基金等多部委关注，并给予申请人立项资助，直接相关成果获得国家级领导人批示 3 项，省部级领导批示 4 项，阶段性成果由国家部委领导作序，由国家发改委、国家林业和草原局、生态环境部 GEF 项目办、中国智库网、澎湃新闻等专业官微推送。本报告已刊前期相关核心期刊成果 15 篇 / 部；其中 4 篇被人大复印资料、新华文摘转载或摘编、复合被引约计 360 次。

世界级旅游度假区建设研究

作　　者：黄璜，吴丰林，王志燕，李雪，杨丽琼，郭娜，杨钟红，边蕊
依托单位：中国旅游研究院（文化和旅游部数据中心）
成果类别：集体成果

一、研究内容

（一）旅游度假区发展历史和路径

研究了国内外旅游度假区的发展历程，并分析了我国旅游度假区的标准体系和管理体制。

（二）旅游度假区发展理论研究

从旅游度假区的类型划分、旅游度假区的空间形态、旅游度假区的度假产品、旅游度假区的演进规律等角度，研究了旅游度假区的理论前沿，并分析了对中国的借鉴意义。

（三）居民休闲度假行为研究

从我国城乡居民休闲行为特征、国内外带薪休假制度对比等方面，研究了旅游度假区的市场需求规律和特征。

（四）世界知名旅游度假区成功经验

以夏威夷、澳大利亚黄金海岸、拉斯维加斯、蒙特勒、圣托里尼等世界著名旅游度假区为典型案例，提炼了国外成功经验以供中国参考借鉴。

（五）世界级旅游度假区的概念和发展路径

在理论研究的基础上，结合我国实践提出了世界级旅游度假区的概念界定、共性特征和发展路径。

（六）我国发展世界级旅游度假区的条件分析

对我国现阶段建设世界级旅游度假区的基础条件和存在问题进行了分析。

（七）建设世界级旅游度假区重点任务

结合世界一流旅游服务体系建设、世界水准旅游产业规模建设、世界一流游客满意度提升、世界一流旅游知名度提升四大工程（图 1），提出了我国建设世界级旅游度假区的重点任务。

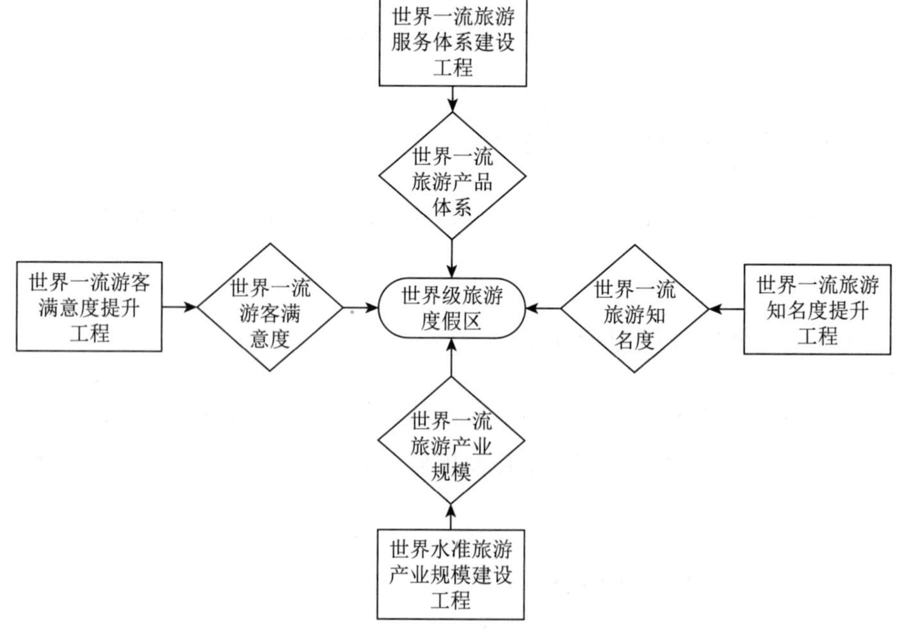

图 1　四大工程

（八）建设世界级旅游度假区评价指标

提出了我国建设世界级旅游度假区的评价指引体系，确定了五级评价指标和具体分值。

（九）建设世界级旅游度假区工作方案

提出了我国建设世界级旅游度假区的工作方案，并按月度明确了工作计划表。

二、研究框架和研究方法

（一）研究框架

研究报告从历史沿革、理论研究、市场需求、国际经验、发展战略、重点任务、评价指标、工作方案等方面，研究了世界级旅游度假区的学术前沿、需求结构、供给现状和建设路径。

（二）研究方法

1. 理论研究方法

学术文献研究法。梳理国内外学术界关于世界级旅游度假区理论内涵、共性特征、发展路径、评价指引和管理办法的前沿进展，形成课题的理论基础和研究起点。

典型案例研究。研究国外著名旅游度假区发展规律，并与我国国家级旅游度假区现状横向对比，提炼出世界级旅游度假区的发展路径。

政府合作研究。与文化和旅游部合作，为世界级旅游度假区建设提供科研服务。与地方政府合作，为世界级旅游度假区建设提供案例和数据服务。

专家咨询论证。充分征求文化遗产、文创设计、自然资源、体育运动、医养康养、农业农村、交通运输等领域的专家意见，以交叉学科视角开展课题研究。

2. 资料数据采集方法

资源产品调查。对旅游度假区案例地的文化和旅游资源、核心度假产品进行调查踏勘。

重点单位调研。调研旅游度假区案例地的博物馆、纪念馆、美术馆等重点文化设施，以及餐饮购物、旅行服务、旅游交通、旅游住宿等重点旅游企业。

旅游需求调查。线上和线下相结合，运用问卷调查和半结构化访谈等方式，针对旅游度假区案例地的潜在旅游者、到访旅游者和本地居民开展需求调查。

数据挖掘分析。整理国内旅游数据库、居民休闲行为数据库、旅游抽样调查数据库中的休闲度假游、医养康养游等的截面和面板数据，运用计量分析方法，研究度假旅游的时空规律和影响效应。

三、理论创新和学术价值

《中华人民共和国国民经济和社会发展第十四个五年规划和 2035 年远景目标纲要》《“十四五”旅游业发展规划》提出要建设一批富有文化底蕴的世界级旅游度假区，并明确了建设世界级旅游度假区的阶段目标、总体思路和保障政策。

国内现状度假区研究成果主要聚焦于国家级旅游度假区，研究了发展现状（张树民等，2013）、空间形态演变（席建超等，2016）、总体规划（吴小平，2013；黄平利，2016）、开发模式（陈钢华等，2013）等内容。

世界级旅游度假区在国内是较新概念，相关研究成果较少且主要涉及概念特征探讨。通过系统总结国外著名旅游度假区发展演进规律，结合中国实际提出世界级旅游度假区发展规律，对于完善国内旅游度假区理论体系具有较为重要的学术价值。

2025 年我国将建成首批世界级旅游度假区，现在尚缺乏详细的规范指导。通过全面评估国家级旅游度假区评定管理制度，进而提出世界级旅游度假区的建设指引、评价指引和工作方案，对于“十四五”时期世界级旅游度假区建设具有较为重要的应用价值。

四、应用价值和经济、技术、社会效益

（一）研究成果去向

研究成果已提交文化和旅游部资源开发司、国家发展和改革委员会社会发展司，报告摘要版送相关国家部委和省级文化和旅游主管部门审阅。

（二）研究成果用途

研究成果是文化和旅游部、国家发展和改革委员会开展世界级旅游度假区建设工作的背景研究报告，在文化和旅游部制定《世界级旅游度假区建设指引》《世界级旅游度假区评价指引》《世界级旅游度假区建设工作方案》等文件过程中发挥了决策咨询作用。

（三）研究成果社会评价

基于研究成果完成的调研报告获评“全国文化和旅游系统 2020 年度二十佳调研报告”。

在研究成果评价标准部分基础上完成的调研报告经全国艺术科学规划领导小组办公室鉴定为优秀。

浙江省夜间文旅消费指数研究系列报告

作　　者：应天煜，林珊珊，叶顺，马世罕，黄浏英，黄伟，张旭东，秦园，唐婧怡，江帆，张欣怡，王锴云，谭小元

依托单位：中国旅游研究院（文化和旅游部数据中心）

成果类别：集体成果

一、研究内容

发展夜间经济、促进夜间文旅消费是激发国内消费潜力、促进经济稳定增长、提升生活服务消费品质的重要抓手。为了全面、客观、动态地监测与评估各地夜间经济与夜间文旅消费的总体发展水平，特别是后疫情时期文旅消费的恢复与发展和地方消费提振政策实施的效果，本研究开发了全国首套评估综合覆盖省、市及区县夜间文旅消费总量规模和活跃度的指数体系。研究团队从 2020 年 9 月开始持续定期发布面向浙江全省以及杭州、宁波、温州等主要地市的夜间经济和夜间文旅消费发展与活跃度系列指数报告，逐步更新迭代形成《浙江省夜间文旅消费指数报告》并开发了相应的浙江省夜间文旅消费系列指数可视化分析系统。

团队最新构建的浙江省夜间文旅消费指数体系主要由夜间文旅发展指数和夜间文旅活跃度指数两大类型指数构成。其中，浙江省夜间文旅消费发展指数用于综合评价当地夜间文旅消费发展的总体运行情况，从总量上反映影响夜间文旅消费发展的基础因素和推动因素，包括夜间业态丰富性、夜间消费便利性、夜间消费活跃性、夜间消费评价和商业设施成熟度五大维度；夜间经济活跃度指数聚焦餐饮、购物、文化休闲娱乐、住宿、健身、游览六大夜间消费业态，基于供给活跃度、需求活跃度和美誉度，从人均水平上对夜间文旅经济的不同消费业态的活跃度进行动态研判（图 1、图 2）。

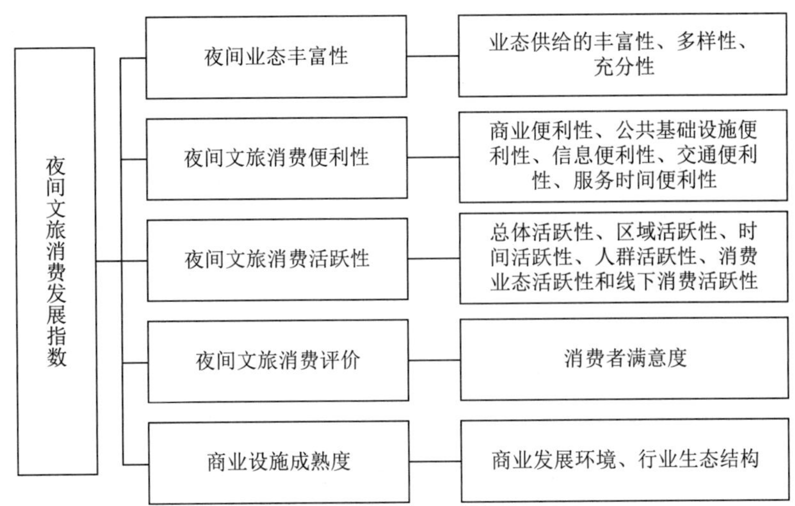

图 1　夜间文旅活跃度指数框架体系

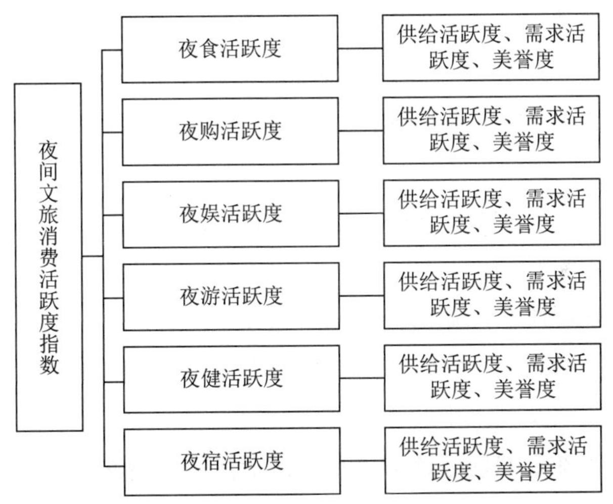

图 2　夜间文旅活跃度指数框架体系

二、研究框架和研究方法

本研究基于区域经济学、城市经济学、旅游经济学、统计学、旅游管理、系统论等多学科的理论和方法，结合国内外产业监测与经济分析的成功案例和最新的学术研究成果，确定了“面向浙江、聚焦区县、多源数据、突出动态、精练内核、逐步迭代”的总体思路。本研究从夜间文旅消费的内涵和特征出发，整合来自美团、国网浙江省电力有限公司等的浙江省 11 个设区市、90 个区县的夜间商业用电量数据、夜间商户业态与经营数据、夜间线上和线下生活服务消费数据等多源异构大数据，分析省、市及区县等不同层面的夜间文旅消费总量与活跃度在时空维度上的差异，围绕指数的评价指标、评价标准以及评价方法展开系统研究，提出了基于高频消费大数据的指数体系与评估方法。为弥补传统经济指标体系“重客观轻主观”“重宏观轻微观”的现状，本研究还综合考虑了夜间文旅消费市场主要利益主体对夜间文旅消费的现状及其未来进行主观评价。

本研究采用主客观结合法对各细项指标进行赋权，即在对专家调查结果进行层次分析的基础上，进一步采用客观赋权法，即结合变异系数法、熵值法和等权法等进行综合评价，同时考虑指标性能好坏、数据特征和数据完整性等对主观赋权结果再酌情调整权重。为了进行动态评估和突出时空可比性，本研究采用相对比较而非绝对数值比较的方式，在不同时空维度上展现浙江省各设区市及区县的夜间文旅消费发展状况和活跃度，逐步更新迭代。为确保稳健性和敏感性，本研究通过计算指数和权威的衡量地方经济发展指标（如 GDP、社会零售总额、夜间灯光指数等）的相关性，进行多指标交叉验证，以确保分析结果的科学性和准确性。

三、理论创新和学术价值

本研究构建的评价体系覆盖面广、视角独特、方法新颖，弥补了传统经济指标体系“重客观轻主观”的短板。评价体系综合考虑消费者、企业、政府等利益相关主体对夜间经济运行的现状及其未来的主观评价，形成全利益主体覆盖、多业态融合、供需一体的夜间文旅消费系列指标评估体系。该指标体系能够兼容多源异构大数据和传统统计数据、兼顾宏观和微观层面的主客观指标，从而全面反映地区经济发展总量与人均差异、时空差异，适用于精准监测、深度分析省域、市域和县域等多层次的夜间文旅消费市场运行情况，及时发现问题，从而促进当地夜间经济的可持续发展。该指标体系同时也为扩展和深化新时期夜间经济研究提供了基础理论框架，有利于促进不同学科跨界交叉和深度融合。

本研究兼容多源大数据和传统统计数据，为保证本项目指数体系的科学性、有效性与可靠性，研究团队采用国际权威和先进的指标设计方法，对指数体系进行稳健性和敏感性分析，验证了该方法在文旅消费场景以及多源异构大数据上的应用可行性。

四、应用价值和经济、技术、社会效益

本研究相关成果可精准定位夜间文旅消费市场的突出问题，科学研判夜间经济和文旅消费的规模和品质，为服务企业提供营销推广与产品设计支持，为服务政府提供行业管理与政策决策参考。

为省级政府部门决策提供数据支撑。本研究基于系统监测数据所形成的相关指数报告发布后受到浙江省相关政府部门的高度评价，并被用于辅助浙江省夜间经济试点和培育城市名单的遴选和后期验收考核。相关成果在浙江省人民政府官网进行专题报道，并被纳入浙江商务专报。

为城市数智治理体系提供技术支持。本项目成果已被接入浙江省能源大数据中心平台，在杭州市已实现通过电力数字驾驶舱纳入杭州城市大脑治理指标体系，向政府在线直接推送分析结果及活跃度指数，监测“8 小时”外的杭城经济运行情况，突出反映了夜间经济分析的时效性和动态变化性，初步实现全天候城市治理，为提升杭州市夜间经济品质化发展持续提供了重要参考和有力的决策支撑。

本研究获得了媒体和社会的广泛关注和好评。本研究相关成果除了服务政府决策和行业分析，促进浙江省夜间经济与文旅消费品质提升之外，还得到了中央电视台、新华社、《人民日报》、学习强国等主流媒体和社会的广泛关注和好评。

研究报告类

——二等奖

中国生态旅游高质量发展对策研究

作　　者：钟林生，虞虎，王甫园，曾瑜皙，王婧雯，张香菊
依托单位：中国科学院地理科学与资源研究所
成果类别：集体成果

一、研究内容

研究聚焦生态旅游发展问题，通过实践调研和理论梳理，对生态旅游发展进行深入研究。研究内容主要包括 4 个部分。

1. 现状与问题

经过近 30 年的发展，我国生态旅游成果丰硕，但仍然存在问题与挑战，具体体现为：生态旅游内涵要求未能真正体现，旅游资源粗放开发和盲目利用，生态旅游产品开发层次低、同质性强，生态旅游地保护与开发的博弈持续存在，旅游者环保意识相对薄弱，环境教育重形式、轻内涵，社区难以共享生态旅游收益，生态旅游专业技术人才匮乏，管理模式有待创新。

2. 发展趋势

受到国家战略、市场需求、科技发展的影响，未来生态旅游将呈现以下发展趋势：生态旅游发展具有更加重要的战略意义，生态旅游市场持续兴起、需求日趋多样，对生态旅游资源价值的理解更加全面，生态旅游产品开发逐渐深化，生态旅游目的地继续向西部拓展，生态旅游业趋向融合发展，新技术的应用成为常态，体制机制与政策保障日趋完善。

3. 发展建议

为解决生态旅游现存问题，顺应未来发展趋势，提出我国生态旅游发展对策如下。

（1）在国家层面，构建生态旅游相关部门协调机制，建设全国生态旅游数据库，编制新版全国生态旅游发展规划，强化公益性生态旅游机会供给，充分挖掘生态旅游地的文化内涵，制定生态旅游发展优惠政策，积极对接生态旅游市场，继续推行生态旅游示范区，加强生态旅游科学研究，开展生态文明教育，充分发挥利益相关者的作用。

（2）对于旅游管理部门，建议建立资源环境容量的底线约束机制，构建适应区域资源环境本底的生态旅游产品谱系，制定绿色化、低消耗的生态旅游政策和配套支撑，加强生态旅游推广和生态文明理念的传播，推进区域生态旅游治理体系和治理能力现代化。

（3）在景区层面，明确自然保护地生态旅游发展空间，建设低碳化基础设施，构建科学的环境解说系统，优化生态旅游产品结构和产品质量，强化旅游环境监管，编制生态旅游适应性管理指南，探索生态旅游区特许经营制度，增强游客的责任意识，维护社区居民利益，加强从业人员培训和生态旅游专业教育，建立多样化资金支持机制，制定扶持与奖励制度。

4. 具体行动方案

以青海省为例，研究提出打造国际生态旅游目的地行动方案，包括：完善顶层设计，优化发展布局；丰富产品体系，推动产业融合；完善基础设施，提升服务水平；构建品牌体系，加强宣传推广；加强生态教育，保护资源环境；优化营商环境，完善发展机制；重视科技支撑，强化人才培养；引导社会参与，实现共建共享。为此，应加强组织领导，建立打造机制，强化政策支持，加大资金投入，严格综合监管。

二、研究框架和研究方法

（一）研究框架

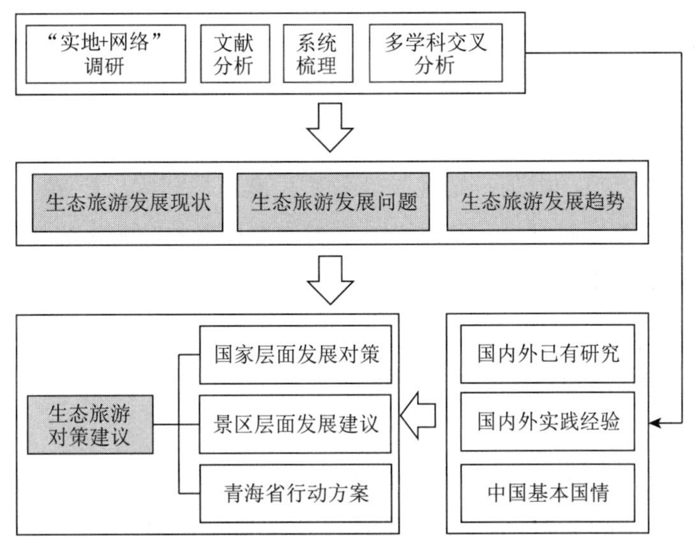

图 1　研究框架

（二）研究方法

1. 实地调查

通过开展实地调查、访谈获取相关一手资料和数据，深入分析和了解生态旅游发展现状、困境与挑战。

2. 网络调研

依托中国知网、中国经济社会大数据研究平台、万德数据库等平台，获取生态旅游发展数据，凝练生态旅游研究成果。

3. 案例分析

以青海省为典型案例开展深入分析，提出青海省打造国际生态旅游目的地行动方案。

4. 系统分析

以系统的视角梳理生态旅游发展与管理中存在的问题，探索表象问题背后的内在规律，提出生态旅游对策建议。

5. 多学科交叉研究

运用了旅游、管理、生态、地理、社会学、心理学等多学科知识，进行综合研究。

三、理论创新和学术价值

（1）研究系统梳理了中国生态旅游目的地建设、产业体系、法律法规、认证标准、科研教育等方面，明晰了生态旅游发展存在的问题，为生态旅游理论探索与修正提供了基础。

（2）研究对中国生态旅游市场、资源价值观、产品开发、空间拓展、产业融合、技术应用、体制机制等方面做出了重要研判，为生态旅游理论研究指明了方向。

（3）研究以“宏观—中观—微观”为分析尺度，从国家、旅游主管部门、景区 3 个层面分析生态旅游发展对策，并以青海省为例探讨生态旅游发展具体行动方案，为生态旅游策略研究提供了分析框架。

四、应用价值和经济、技术、社会效益

（1）本研究形成的成果要报《关于推动生态旅游高质量发展的建议》被文化和旅游部认定为具有一定的参考价值，并刊登于《文化和旅游智库要报》。

（2）本研究形成的《青海打造国际生态旅游目的地行动方案》经青海省政府常务会议、省委常委会议研究审议通过，文化和旅游部审核同意，由文化和旅游部、青海省人民政府联合印发实施，指导青海省国际生态旅游目的地建设。

（3）该研究成果为国家标准《国家生态旅游示范区建设与运营规范》修编提供了重要支撑，在指导未来生态旅游示范区建设与运营方面产生了重大效益。

（4）研究提出的相关对策建议具有系统性与可操作性，符合中国生态旅游发展实际需要和未来发展要求，有利于规范我国生态旅游发展，为制定我国生态旅游政策提供支撑，推动旅游资源与环境保护的监管工作，推动我国建立以国家公园为主体的自然保护地体系建设，以及贯彻落实国家发改委和原国家旅游局发布的《全国生态旅游发展规划（2016—2025 年）》提供支撑。

福建省旅游卫星账户编制及旅游贡献测算报告（2019—2020）

作　　者：马仪亮，林守钦，肖邵平，庄瑜，戴慧慧，杨素珍，郭可心，胡宁婷，吴羽涵

依托单位：中国旅游研究院（文化和旅游部数据中心）

成果类别：集体成果

一、研究内容

本研究结合国情旅情，通过对联合国世界旅游组织推荐的旅游卫星账户方法进行优化，结合我国投入产出表编制中的成本构成法将部分餐饮消费纳入农业，将部分旅游交通消费纳入石油冶炼及销售产业，餐饮、住宿和娱乐部分消费纳入电力热力和水的生产行业，更全面、更准确表达旅游业边界、产业关联和波及带动。主要研究内容有以下几个方面：

（1）编制福建省旅游卫星账户表 1 至表 10；

（2）从广义旅游业视角，摸清福建省旅游业的规模、产出水平、旅游转移支付等经济指标数值，测算福建省旅游业增加值、旅游业综合影响（直接及间接贡献）等数值；

（3）按照投入产出原理的同一性假定，测算福建省旅游业就业人数和投资额；

（4）结合投入产出表第三象限的收入法增加值数据，测算福建省旅游业对当地劳动者报酬、生产税净额、固定资产这就、企业盈余等的贡献比例；

（5）利用核算年份产值数据对福建省投入产出表进行调整更新，经 RAS 法调平后构建投入产出局部闭模型，测算福建省旅游业分别对国民经济其他 148 个产业的带动作用，计算福建省旅游业综合贡献水平。

二、研究框架和研究方法

本成果研究方法是基于世界旅游组织推行的最新国际规范《旅游卫星账户：建议的方法框架（2008）》（TSA：RMF2008），结合《国家旅游及相关产业统计分类（2018）》和《全国文化文物和旅游统计调查制度（2020）》，优化并制定了适合福建省的旅游卫星账户编制方法和规范。以此完成了福建省旅游卫星账户（FJTSA–2019、2020）的编制和推算研究，具体核算框架如图 1 所示。

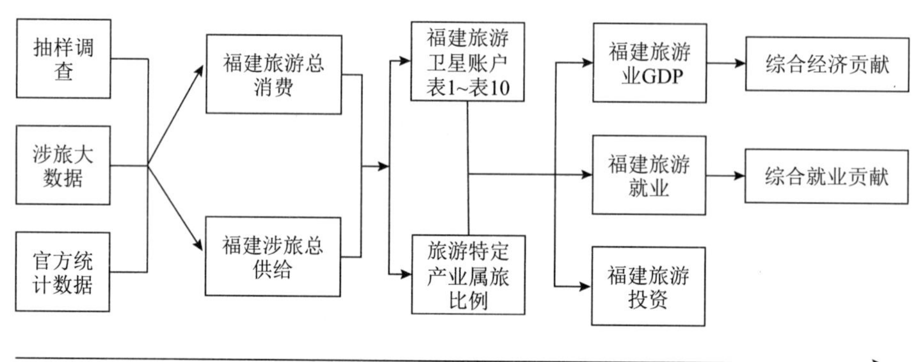

图 1　福建省旅游经济核算框架

三、理论创新和学术价值

（一）创新建立了旅游卫星账户与投入产出结合的核算分析框架

旅游卫星账户由需求侧入手，最终从供给侧剥离。然而旅游产品需求和涉旅产业供给分类难有非常契合的对用关系，游客拦访调查无法获知详细的游客旅游花费去向（问卷过细游客难以回忆甚至不愿配合调查），以及统计部门不愿意共享详细的供给侧数据，致使利用传统的旅游卫星账户法进行核算时，数据缺失多、需求侧分子数据与供给侧分母数据不是完全的包含关系、核算内容少信息量不足等问题难免。为此，课题组以投入产出表（149 部门）呈现的终端数据和体现的该地产业关联和生产消耗定额作为核算地的供给侧数据来源，产业分类详细，数据量庞大，而且可以表征旅游业与当地国民经济产业体系之间的数量关联关系，可以在传统卫星账户核算指标的基础上，实现对劳动报酬、企业盈余等指标，以及旅游业波及影响进行测算和刻画。这个结合型分析框架不改变旅游卫星账户的核算流程和内涵，却能大大提高核算的效率、精度和信息量。

（二）创新构建了旅游业波及影响的测算体系

因投入产出表中没有完整意义上的旅游业，该模型本身的乘数永远为1，并不存在放大效应，学界关于利用投入产出技术进行旅游业带动系数或影响的研究存在普遍性错误。课题组以福建为案例，构建了在利用旅游卫星账户建立虚拟但广义的旅游业，在对投入产出表进行改造并建立局部闭模型后，可以完成旅游业对国民经济其他产业的量化带动作用，以及旅游业的整体综合贡献水平（表1）。

表1　2019年福建省旅游业分产业间接经济贡献

序号	产业	旅游业间接经济贡献（亿元）	序号	产业	旅游业间接经济贡献（亿元）	序号	产业	旅游业间接经济贡献（亿元）
1	农产品	27.17	12	谷物磨制	5.64	23	酒精和酒	0.23
2	林产品	6.79	13	饲料加工	14.71	24	饮料	1.50
3	畜牧产品	28.09	14	植物油加工	11.52	25	精制茶	2.87
4	渔产品	29.39	15	制糖产品	3.31	26	烟草制品	24.25
5	农、林、牧、渔服务产品	6.85	16	屠宰及肉类加工	18.37	27	棉、化纤纺织及印染精加工品	33.43
6	煤炭开采和洗选产品	29.03	17	水产品加工	25.50	28	毛纺织及染整精加工品	2.64
7	石油和天然气开采产品	39.46	18	蔬菜、水果、坚果和其他农副食品加工品	5.69	29	麻、丝绢纺织及加工品	0.15
8	黑色金属矿采选产品	40.93	19	方便食品	1.37	30	针织或钩针编织及其制品	27.90
9	有色金属矿采选产品	45.56	20	乳制品	1.92	31	纺织制成品	30.39
10	非金属矿采选产品	81.44	21	调味品、发酵制品	7.43	32	纺织服装服饰	90.92
11	开采辅助服务和其他采矿产品	0.17	22	其他食品	27.70	33	皮革、毛皮、羽毛及其制品	16.69

续表

序号	产业	旅游业间接经济贡献（亿元）	序号	产业	旅游业间接经济贡献（亿元）	序号	产业	旅游业间接经济贡献（亿元）
34	鞋	35.33	48	专用化学产品和炸药、火工、焰火产品	48.66	62	钢压延产品	57.66
35	木材加工品和木、竹、藤、粽、草制品产品	20.75	49	日用化学产品	2.23	63	铁合金产品	11.46
36	家具制造产品	8.22	50	医药制品	5.10	64	有色金属及其合金和铸件	93.07
37	造纸和纸制品产品	37.02	51	化学纤维制品	25.11	65	有色金属压延加工品	57.97
38	印刷和记录媒介复制产品	9.89	52	橡胶制品	13.59	66	金属制品	60.52
39	工艺美术品制造	7.57	53	塑料制品	66.45	67	锅炉及原动设备	18.41
40	文教、体育和娱乐用品制造产品	2.83	54	水泥、石灰和石膏	32.66	68	金属加工机械	15.43
41	精炼石油和核燃料加工品	8.26	55	石膏、水泥制品及类似制品	70.03	69	物料搬运设备	9.13
42	炼焦产品	19.39	56	砖瓦、石材等建筑材料	10.99	70	泵、阀门、压缩机及类似机械	47.65
43	基础化学原料	47.78	57	玻璃和玻璃制品	1.91	71	文化、办公用机械	1.56
44	肥料	16.83	58	陶瓷制品	16.69	72	其他通用设备	45.83
45	农药	3.16	59	耐火材料制品	0.12	73	采矿、冶金、建筑专用设备	27.62
46	涂料、油墨、颜料及类似产品	1.55	60	石墨及其他非金属矿物制品	6.36	74	化工、木材、非金属加工专用设备	23.95
47	合成材料	22.09	61	钢、铁及其铸件	13.54	75	农、林、牧、渔专用机械	2.33

续表

序号	产业	旅游业间接经济贡献（亿元）	序号	产业	旅游业间接经济贡献（亿元）	序号	产业	旅游业间接经济贡献（亿元）
76	其他专用设备	64.34	93	其他电子设备	11.14	110	道路货物运输和辅助活动	45.50
77	汽车整车	12.09	94	仪器仪表	34.93	111	水上旅客运输	0.01
78	汽车零部件及配件	40.89	95	其他制造产品	0.59	112	水上货物运输和运输辅助活动	21.31
79	铁路运输和城市轨道	19.74	96	废弃资源和废旧材料回收加工品	8.08	113	船空旅客运输	15.00
80	船舶及相关装置	6.47	97	金属制品、机械和设备修理服务	5.36	114	航空货物运输辅助活动	0.71
81	其他交通运输设备	46.01	98	电力、热力生产和供应	9.74	115	管道运输	0.01
82	电机	21.00	99	燃气生产和供应	3.79	116	装卸搬运和运输代理	16.95
83	输配电及控制设备	49.66	100	水的生产和供应	3.44	117	仓储	2. 09
84	电线、电缆、光缆及电工器材	25.60	101	房屋建筑	291.52	118	邮政	14.66
85	电池	32.42	102	土木工程建筑	131.42	119	住宿	2.06
86	家用器具	1.72	103	建筑安装	34.66	120	餐饮	7.17
87	其他电气机械和器材	56.24	104	建筑装饰和其他建筑服务	42.41	121	电信	0.22
88	计算机	14.79	105	批发	67.94	122	广播电视传输服务和卫星传输服务	0.37
89	通信设备	17.73	106	零售	63.61	123	互联网和相关服务	0.73
90	广播电视设备制和雷达及配套设备	1.86	107	铁路旅客运输	0.25	124	软件服务	22.54
91	视听设备	3.19	108	铁路货物运输	0.25	125	信息技术服务	8.74
92	电子元器件	72.92	109	城市公共交通和公路客运	1.24	126	货币金融和其他金融服务	20.70

续表

序号	产业	旅游业间接经济贡献（亿元）	序号	产业	旅游业间接经济贡献（亿元）	序号	产业	旅游业间接经济贡献（亿元）
127	资本市场服务	8.79	135	水利管理	0.47	143	新闻和出版	12.28
128	保险	9.34	136	生态保护和环境治理	0.58	144	广播、电视、电影和影视录音制作	0.80
129	房地产	13.65	137	公共设施管理	1.19	145	文化艺术	2.98
130	租赁	2.48	138	居民服务	11.88	146	体育	0.00
131	商务服务	45.91	139	其他服务	4.08	147	娱乐	7.23
132	研究和试验发展	12.80	140	教育	0.89	148	社会保障	0. 76
133	专业技术服务	17.35	141	卫生	7.19	149	公共管理和社会组织	22.57
134	科技推广和应用服务	2.93	142	社会工作	0.00	合计		3277.62

（三）创新构建了旅游就业和旅游投资的更准确核算方法

联合国世界旅游组织推荐的卫星账户表 7 核算中，由于抽样的覆盖面有限，淡旺季影响下许多旅游就业呈现不饱和性特征，如旺季就业、兼职就业等，仅通过抽样调查获取旅游就业数据可行性和有效性都很低，无法全面反映福建省旅游就业规模（表 2）。表 8 的旅游投资核算中，考虑到统计难度极大，世界旅游组织建议主要统计旅游业专有固定资产，并认为“除非进行更多讨论和研究，否则不建议提出以国际化为目的的旅游业固定资本形成总额的特别总量”。为此，课题组在同一性假定框架下，以产值表征就业和投资份额，如某饭店 20 名员工，游客消费占比 50%。则旅游就业为 10 人（即 50% 的员工为游客提供服务），该饭店的固定资产投资也有 50% 为面向游客。从而回避了就业和投资数据采集中的份额、季节性波动等难题，将复杂问题简单但又合理化的创新处理。

表 2　2019 年福建省旅游就业（TSA 表 7）

单位：万人

产业	年末总就业人数	旅游比例	旅游就业人数
1. 住宿服务	54.09	85.17%	46.07
2. 房地产	27.45	6.91%	1.90

续表

产业	年末总就业人数	旅游比例	旅游就业人数
3. 餐饮服务	73.20	55.53%	40.65
4. 汽车燃料服务	0.71	21.06%	0.15
5. 电力、热力生产和供应	5.66	2.66%	0.15
6. 燃气生产和供应	0.54	4.14%	0.02
7. 水的生产和供应	1.09	4.20	0.05
8. 铁路旅客运输服务	3.44	92.91%	3.20
9. 公路旅客运输服务及城市公共交通服务	12.61	36.21%	4. 56
10. 水路旅客运输服务	1.92	84.73%	1.63
11. 航空运输服务	2.92	69.28%	2.02
12. 租赁	0.54	3.56%	0.02
13. 旅游游览服务	5.00	35.28%	1.76
14. 旅游娱乐服务	1.45	33.3%	0.48
15. 旅游综合服务	—		
15.1 其他旅游服务	48.30	20.56%	9.93
15.2 邮政、电信和其他信息传输服务	16.12	1.05%	0.17
16. 旅游购物	—		
16.1 批发零售服务	284.03	21.73%	61.72
16.2 特色购物服务（茶叶、红木、服装等）	134.26	5.76%	7.73
17. 旅游农业	474.21	13.54%	64.21
A.2 非旅游特征产业	28.88	5.27%	1.52
旅游业就业小计	1176.41	8.91%	247.94

四、应用价值和经济、技术、社会效益

（一）应用价值

本研究结合投入产出原理在旅游旅游业边界划定、政府集体旅游花费和旅游转移支付纳入增加值核算、利用产业关联进行旅游业波及影响量化测算、建立旅游就业投资的统一性假定剥离，是结合旅情国情对旅游卫星账户体系的创新改造，减少了区域旅游增加值核算中的诸多漏统，已在全国和地方试点应用，就很高的推广价值。

（二）经济、技术和社会效益

本研究有助于摸清福建省旅游业家底、为福建省旅游决策提供数据支撑。

本研究建立了地方层面的旅游卫星账户编制方法样板和算法体系，有助于破除地方旅游经济核算中的数据缺失问题并提高效率和准确性，可以将以往地方旅游卫星账户编算资金成本下降40%。

本研究通过量化旅游业对国民经济发展的影响和贡献，更加客观地彰显旅游业在国民经济中的地位。

本研究作为福建省“十三五”旅游发展规划目标完成情况的验证和“十四五”旅游规划目标设定提供直接依据。

中国红色旅游发展报告（2021）

作　　者：王金伟
依托单位：北京第二外国语学院
成果类别：个人成果

一、研究内容

2021年是中国共产党建党百年，也是“十四五”开局之年。《中国红色旅游发展报告（2021）》结合国家“十四五”文旅产业发展思路、革命文物保护利用工程、疫情防控常态化等背景，以全面、客观、专业的态度，深入分析影响中国红色旅游功能发挥和红色文化传承的因素及作用机制，总结红色旅游发展成果，并在此基础上进一步提出红色旅游价值和功能发挥的基本思路，以助推红色旅游实现高质量发展。

具体研究内容包含以下五个方面：

（1）总报告：总报告结合我国红色旅游发展历程，总结了红色旅游的发展情况和发展态势，评估了红色旅游的发展效应，指出了发展过程中的问题，并在此基础上提出了促进红色旅游高质量发展的战略建议。具体来看，红色旅游景区体系日臻完善、红色旅游市场规模日益扩大、红色旅游教育功能不断提升、红色旅游乡村振兴效果显著、红色旅游国际合作交流稳步推进，但依然存在体制机制欠缺、发展形式单一、产业链条薄弱、协调发展不足等问题，未来有必要继续深化体制机制建设、加强资源保护利用、提升红色旅游服务质量、重视专业人才培养、推进智慧化应用、加强对外交流合作。

（2）分报告：分报告由《革命文物保护利用发展报告》《红色旅游教育发展报告》《红色旅游助力产业扶贫与乡村振兴发展报告》三部分组成。三份报告分别对革命文物保护利用发展、红色旅游教育和红色旅游产业扶贫与乡村振兴发展进行了发展背景和发展现状的全面梳理，发现了当前发展的现存问题并提出相关建议措施。

（3）区域报告：区域报告部分是对我国东北、华北、华东、华中、华南、西南和西北 7 个区域红色资源情况和发展状况的梳理与总结。综合运用资料分析、问卷调查等方法，全面梳理了我国 31 个省（区、市）（不含港澳台地区）的红色旅游发展历程和红色资源状况，剖析了各省区市红色旅游发展情况。同时，每个省份选取典型案例进行总结分析，以期为其他地区红色旅游的发展提供经验借鉴。

（4）专题报告：专题报告由《红色旅游特色小镇发展报告》《红色研学旅行发展报告》《红色旅游相关政策汇编》《新时代革命文物保护和红色旅游发展的相关论述》四部分组成。《红色旅游特色小镇发展报告》与《红色研学旅行发展报告》分析了典型的红色旅游特色小镇和红色研学旅行发展现状，分别总结出了对应的发展模式。《红色旅游相关政策汇编》和《新时代革命文物保护和红色旅游发展的相关论述》则系统整理了全国红色旅游、革命文物、爱国主义教育等相关政策与论述。

（5）附录：附录部分则附上了《全国红色旅游经典景区名录》《全国 30 条红色旅游精品线路》《全国红色旅游发展典型案例》《建党百年红色旅游百条精品线路》《革命文物保护利用相关法律法规》《全国各省市红色研学教育基地名单》。

红色旅游是时代发展的需要和国家发展的要求。《中国红色旅游发展报告（2021）》作为我国第一本红色旅游蓝皮书，对中国红色旅游发展具有里程碑意义。报告整体内容翔实、图文结合，将宏观形势与微观情境相结合，对全国红色旅游的发展做出系统评价与科学审视。本报告有助于加强红色资源的保护和利用，并进一步诠释中国共产党百年伟大革命精神的深厚内涵和时代意义。

二、研究框架和研究方法

（一）研究框架

本报告分为总报告、分报告、区域报告、专题报告和附录 5 个部分。总报告，从红色旅游发展成效、红色旅游热点区域发展态势等方面对我国红色旅游发展现状进行了系统分析并提出了未来高质量发展建议；分报告，从革命文物保护利用、红色旅游教育、红色旅游与乡村振兴等方面进行了全面的评价与分析；区域报告，主要展现了东北、华北、华东、华中、华南、西南、西北 7 个区域内 31 个省区市（不含港澳台地区）的红色旅游发展情况；专题报告，对红色旅游特色小镇、红色研学旅行、红色旅游政策及相关论述等进行了系统阐述与整理（图 1）。

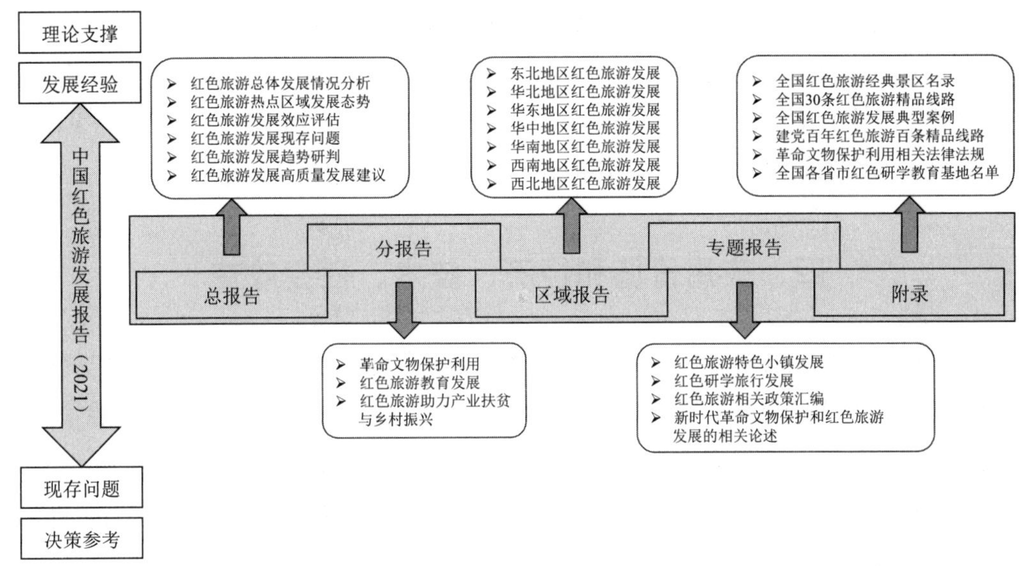

图1　报告研究框架

（二）研究方法

（1）本研究通过文献研究法、案例分析法等对红色旅游、革命文物保护等相关政策文件、研究现状与理论基础进行梳理总结，确保全面、准确掌握我国红色旅游发展的政策与理论基础。同时，结合时代背景，分析新的发展环境与形势。

（2）通过问卷调查法、深入访谈法等对红色旅游从业人员、旅游者、革命老区居民等相关人员进行访谈调研，为深入剖析红色旅游发展模式、功能成效等奠定基础。

（3）通过参与观察法、论述分析法等获取红色旅游经典景区、研学基地、经典案例等相关资料，探究红色旅游的发展现状和问题，并根据新发展环境提出实践思路。

（4）通过功能分析法、德尔菲法、文献研究法等对红色旅游发展重大问题展开专题研究，并提出相应的政策建议。

三、理论创新和学术价值

（1）理论创新：本研究的理论创新兼顾修正性理论创新和方法性理论创新。本研究在前有红色旅游相关研究的基础上，基于新的时代背景、发展环境与形势，提出了新的研究视角和发展思路。本研究创新性采用 GIS 空间分析、信息研究等方法，对红色旅游发展做出评估与展望，实现了现有红色旅游相关研究方法的创新。

（2）学术价值：①对全国红色旅游总体发展现状进行“百科全书”式梳理并提出未来高质量发展的政策建议；②从革命文物保护利用、红色旅游教育发展、红色旅游与乡村振兴三个方面进行全面的评价与分析；③深入剖析了全国31个省区市（不含港澳台地区）的红色旅游发展情况；④系统整理了红色旅游的相关政策与论述。

四、应用价值和经济、技术、社会效益

（1）应用价值：①行业发展层面：有助于业界了解红色旅游的发展现状与瓶颈，提供理论基础和实践思路。②地方政府层面：有助于加强地方政府对红色旅游发展的重视程度，为地方政府根据地区发展特点做好红色旅游规划提供理论基础。③中央政府层面：其结论对于中央政府结合国家发展需要、做好脱贫攻坚与乡村振兴有效衔接、文化强国建设要求等制定红色旅游相关政策具有重要参考价值。

（2）经济、技术、社会效益：①加强红色资源的保护利用水平，提升红色文化的吸引力和传播力；②推动红色旅游规划与发展，做好脱贫攻坚与乡村振兴的有效衔接、红色文化与红色基因的传承与保护工作；③继承和弘扬红色传统，传播社会主义核心价值观。

城市规划和微更新与上海全域旅游发展研究

作　　者：冯学钢，吴丹丹，梁茹，程馨
依托单位：华东师范大学
成果类别：集体成果

一、研究内容

习近平总书记指出，城市规划和建设要突出地方特色，注重人居环境改善，更多采用“绣花功夫”；并强调“发展全域旅游路子是对的，要坚持走下去”。本研究聚焦推进全域旅游需要解决的主要问题，释放城市规划和微更新的影响效应，挖掘城市规划和微更新与全域旅游发展的关系。以城市规划引领全域旅游发展、以城市微更新“缝合”城市文旅空间“裂隙”、“点亮”全域旅游空间“盲点”，促进都市旅游从“景区旅游”向“全域旅游”发展模式转变。通过改革创新、融合发展、提升能级、共建共享，实现旅游环境全域化、旅游供给品质化、旅游服务精细化、旅游治理规范化、旅游惠民深入化，构筑全域旅游高质量发展新格局新形象。主要研究内容如下（图1）。

（一）城市规划、微更新与全域旅游的内涵与关系

城市规划是全域旅游发展的宏观指引，微更新是弥补城市规划与全域旅游不匹配的有效手段。以城市微更新打造文旅新空间，进而实现全域旅游发展的作用路径：在城市有机更新和微更新理论指导下，尊重文化遗产保护原则、利用创意激活手段，通过对城市建筑改造修复，将传统业态置换为文旅新业态，全方位提升景观环境品质、营造公共休闲空间，将城市旧空间打造为兼具文脉传承、产业升级、主客共享、景城相融的文旅新空间。

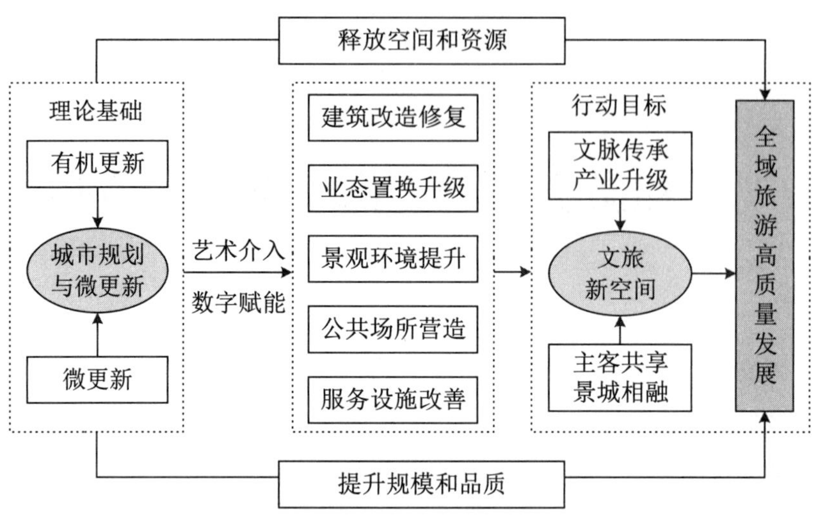

图1　城市规划和微更新与全域旅游发展的作用机制

（二）城市规划和微更新的国内外案例剖析与借鉴

依托城市微更新打造旅游城市已经成为国内外众多城市的普遍共识，本课题重点研究巴塞罗那、巴黎、曼彻斯特、汉堡港口新城、毕尔巴鄂市以及广州永庆坊、成都音乐坊七大案例。通过对典型案例深入分析，提炼出上海打造文旅新空间的创新理念和路径。

（三）城市规划和微更新与上海全域旅游发展的现状和问题

上海推进城市微更新，打造文旅新空间，拓展全域旅游空间、促进全域旅游供给多元化、优化全域旅游公共服务环境成果显著。但仍面临诸多问题：一是尚未形成高效便捷的多部门联动机制；二是用地指标稀缺，全域旅游功能性空间建设受限；三是休闲空间功能单一、业态产品同质化，影响全域旅游供给品质；四是城市存量“灰色空间”和“锈带”影响全域旅游整体形象；五是缺乏多元主体共创共享的可持续发展模式。

（四）城市规划和微更新助力上海全域旅游发展的关键领域和重要举措

一是以“微更新”多维度打造文旅新空间，通过丰富公共空间功能业态，适量更新开放社区文旅资源，拓展全域旅游“空间域”；二是以“艺术介入”全方位激活老旧街区、低效利用型工业遗存等空间活力，拓展文博演艺业态，打造全域旅游新业态；

三是以“科技赋能”推动文旅数字化转型，打造城市数字文旅会客厅，植入虚拟现实体验产品，升级全域旅游新体验；四是以“绣花功夫”推进精细化管理，“人性化”改善全域旅游交通网络，“精细化”治理全域公共服务环境，“智能化”提升全域旅游服务水平，促进全域旅游公共服务再升级；五是构建“新城—镇域—乡村”一体化格局，推进文旅赋能五大新城建设，发挥文旅新城规划对镇域和乡村旅游的带动联结作用，推动全域旅游协调发展。

（五）城市规划和微更新助力上海全域旅游发展的保障措施

重点推动体制机制改革，探索建立城市规划与全域旅游建设齐抓共管的新机制；制定优惠创新政策，引导市场主体积极打造文旅新空间；搭建“文旅新空间”共创平台，实现全域旅游可持续发展；加强城市数字化建设，建立多部门协同管理信息平台。

二、研究框架和研究方法

采用扎实的文献分析、案例分析和访谈研究方法。遵循“发现问题（难在哪里）—分析问题（目标定位、如何破解）—制定策略（如何作为）”的分析思路。（1）文献资料分析：广泛搜集城市规划、城市更新与微更新的国内外文献资料和媒体报道，并对全域旅游发展资料进行全面整理分析。（2）案例分析：搜集巴塞罗那、巴黎、曼彻斯特等城市案例，总结提炼以微更新打造文旅新空间的路径经验。（3）访谈研究：访谈上海市多伦路休闲步行街区、愚园路休闲街、思南公馆、武康路、M50文创园区等管理和经营服务主体，挖掘城市规划和微更新与上海全域旅游发展面临的问题。

三、理论创新和学术价值

一是将微更新理念引入全域旅游发展研究，为理解和分析全域旅游发展提供了新视角。二是探讨并厘清微更新促进全域旅游高质量发展的作用机制，深化了微更新模式影响旅游业发展的理论认知。

四、应用价值和经济、技术、社会效益

成果获得“优秀”评审等级，具有重要决策参考价值、学术价值和社会影响。

一是获得批示。专报获得上海市原副市长汤志平、陈通副市长和王为人秘书长批示。成果被上海市人民政府发展研究中心录用转化，编发于《专家反映》2021年第66期《以微更新打造文旅新空间 助力提升上海城市软实力》。

二是课题完成人冯学钢教授多次受邀参与市政府调研、市文化和旅游局座谈工作。其中，在市住建委徐汇区湖南街道座谈会上，进行了《城市微更新和文旅新空间打造》专题汇报。

三是对所在研究领域产生影响。冯学钢教授受邀在《旅游科学》、华南理工大学举办的学术研讨会上作“城市微更新与全域旅游”主旨演讲，参会师生超过5000余人。

成果同时引起媒体、企业的广泛关注。冯学钢教授受邀在《云南日报》、云南省旅游规划研究院打造的云上文旅学院平台等发表专家观点。

基于地域文化的旅游数字化创新研究

作　　者：李轶南，何灿群，姬灿，甘锋，庄宇宁，陈砚池，柳国伟
依托单位：东南大学
成果类别：集体成果

一、研究内容

我国正处于文化大发展大繁荣和旅游业实现数字化转型升级、向纵深发展关键时期，新业态、新模式、新领域的风起云涌呼唤基于地域文化的旅游数字化创新理论与实践经验；同时，建立、发展彰显“中国风格”和“中国气派”的设计学科，离不开以“福斯塔夫式”广阔视野，在比较、选择、借鉴中建构“既是世界的又是民族的”新型设计学，在多元参照、综合认知中探寻新的设计发展之路势在必行。本研究立足地域文化特质，运用场景理论、长尾理论、具身认知理论等，从艺术学、人类学、心理学、社会学、管理学等跨学科视角出发，探索旅游产品规划设计、视觉导识系统设计、交互设计、界面设计、国家文化旅游带建设策略、文旅品牌开发、博物馆文创设计等，对系统设计、通用设计、无障碍设计、参与式设计、可持续设计、情境设计、沉浸式体验设计等进行探讨，成果贯穿对人的心理、需求和行为等的重视与研究，旨在更好地赋能经济发展，丰富人民美好生活，希冀为文旅数字化转型升级提供新的思路和参考。

二、研究框架和研究方法

研究报告分为四大部分：第一部分主要论述了研究现状与存在问题。第二部分为基于地域文化的旅游数字化创新探索，运用社会学、文化学、心理学、美学、设计学、

管理学等方法进行跨学科综合研究，主要包括理论篇与实践篇。理论篇探索了中国器物的象征性特征，分析了《园冶》蕴含的设计伦理学思想，阐述了数字化时代设计创新的各个维度，并对通用设计的理念与方法进行探析，基于长尾理论对小众人群的定制服务设计、服务机器人中的拟人化设计、具身认知视角下的无意识设计、折叠家具中的人机工程学因素、手工艺众创平台服务模式、从组织设计到开放式创新以及共生理论视野下长江文化旅游带的建设策略展开研究。实践篇探讨了基于地域文化特征的无锡个性化旅游产品设计、平阳木版年画数字文创设计、全域旅游视角下山西晋南地区文创旅游品牌设计、结合流行风格的敦煌文创产品设计以及基于文化特色的高校校园导向标识系统设计，并以山东宁阳颜庙为例分析了鲁中家庙建筑与地域文化特色，剖析了中国传统文化“天人合一”观对现代城市建设的影响，以茑屋书店为例探索了复合式实体书店的体验设计实践，指出跨界视角下地铁公共艺术的新媒体转向，解读了格式塔原理在图形创意设计中的应用。第三部分总结了地域文化与当代设计创新路径可以有效解决以下问题：现代市场中设计产品同质化现象；探索当代数字文旅设计创新的方式、方法；深度挖掘优秀传统文化基因；将地域文化与当代数字文旅设计有机融合，建构民族文化共同体、实现跨文化传播。第四部分为参考文献。

运用社会学、文化学、心理学、美学、设计学、管理学等方法进行跨学科综合研究。强调：（1）力求将宏观把握和微观研究、定量研究与定性分析、共时层面与历时层面相结合；（2）聚焦观察整体而非拘泥于单一局部。

三、理论创新和学术价值

（1）本研究立足千差万别的地域文化，从经济环境、社会心理、人文精神、信息技术等多维宏观视角出发，潜心耕耘数字文旅领域，着力为游客打造全新文旅体验和消费服务体验。（2）助推智慧旅游发展，着力构建以地域文化为基础，以设计创意为内核，以 IP 形象为引领的文旅发展新模式，基于虚拟现实、人工智能等新技术在文旅领域的应用空前加速，体现为更加精细地把握市场新特点、新需求。

四、应用价值和经济、技术、社会效益

（1）本研究报告先后被山西省晋中市太谷区文化和旅游局、浙江省绍兴市柯桥区文化广电旅游局、南京市文化和旅游局、南京图书馆、南京金陵文化博物馆、山西华

顿文化旅游开发有限公司、江苏中江国际人才发展有限公司、江苏南方电子系统工程有限公司、太原影旅开发集团有限公司采纳，具有较好应用价值，产生优良社会效益。

（2）依托该报告在高水平学术刊物共发表 8 篇 CSSCI 期刊论文，7 篇全国中文核心期刊论文，被引用、下载数据均较为可观，产生优良社会影响，如下（见中国知网数据库检索）：

［1］李铁南 . 论中国器物的象征性特征［J］. 装饰，2001（2）. 引用 29，下载 669. CSSCI

［2］李铁南 .《园冶》蕴涵的设计伦理学思想［J］. 文艺争鸣，2011（2）. 引用 5，下载 683. CSSCI

［3］李铁南 . 视野、材料与方法：晚清民国江南地区设计艺术研究管见［J］. 南京艺术学院学报（美术与设计）2016（11）. 引用 3，下载 362. CSSCI

［4］李铁南 . 数字化时代设计创新之维［J］. 文艺争鸣，2010（10）. 引用 0，下载 207. CSSCI

［5］何灿群 . 通用设计的理念与方法探析［J］. 包装工程，2007（2）. 引用 34，下载 896. 核心

［6］何灿群，肖维祯 . 服务机器人中的拟人化设计研究［J］. 装饰，2020（4）. 引用 4，下载 943. CSSCI

［7］何灿群，吕晨晨 . 具身认知视角下的无意识设计研究［J］. 包装工程，2020（4）. 引用 16，下载 1225. 核心

［8］何灿群，詹慧娟 . 折叠家具中的人机工程学研究［J］. 装饰，2008（9）. 引用 15，下载 1286. CSSCI

［9］庄宇宁，张志贤 . 融媒体新闻客户端界面设计研究［J］. 包装工程，2021（1）. 引用 2，下载 340. 核心

［10］李铁南 . 设计思维新向度：从组织设计到开放式创新［J］. 南京艺术学院学报（艺术与设计），2020（1）. 引用 4，下载 834. CSSCI

［11］何灿群，李娇，唐晓敏，冷先书 . 基于地域文化特征的无锡个性化旅游产品设计研究［J］. 包装工程，2016（5）. 引用 22，下载 785. 核心

［12］姬灿，李铁南 . 基于场景理论的平阳木版年画数字文创设计［J］. 包装工程，2021（9）. 引用 0，下载 1371. 核心

［13］李铁南，吴越 . 基于复合式实体书店的体验设计实践探索——以茑屋书店为例［J］. 编辑之友 2020（11）. 引用 1，下载 532. CSSCI

［14］何灿群，葛列众 . 格式塔原理在图形创意设计中的应用［J］. 包装工程 2006（15）. 引用 45，下载 1412. 核心

［15］李翔宇，李铁南，鲁红雷 . 基于当下流行风格的敦煌文创产品设计研究［J］. 包装工程，2021（9）. 引用 7，下载 2193. 核心

研究报告类

——三等奖

基于关联数据的南海水下文化遗产文献资源共享与可视化检索研究

作　　者：张兴旺，李洁，徐路，吕卉，刘忠斌，王璐，郑聪，廖帅，郝彦娜，雷薇，吕瑞倩

依托单位：桂林理工大学

成果类别：集体成果

一、研究内容

我国南海海域目前已发现138处水下文化遗存，数十万件珍贵水下文化遗产。南海水下文化遗产作为我国南海边疆权益的有效依据与海上丝绸之路的珍贵记忆，如何有效地开展其文献资源共享与可视化检索研究就成为值得关注的课题。

本成果主要以南海水下文化遗产为研究对象，在对南海水下文化遗产及其相关文献资源进行全面而系统调查基础上，设计并提出了一种基于关联数据的南海水下文化遗产知识组织、文献资源共享与可视化检索方法，冀求为其数字化保护与开发利用提供一定参考。

二、研究框架和研究方法

（一）研究框架

本成果研究框架包括以下五个方面内容：

1. 南海水下文化遗产资源调查与分类整理研究

通过文献、网络、案例与实地调查等方法，按“资源调查→分类调查→文献调查→命名规则制定”组织逻辑，以我国南海西沙群岛为调查对象，对水下文化遗产、水下考古项目及相关文献资源等进行全面深入调查，对遗产资源的类型与类型、特征与分布、分类方法与命名规则等进行系统梳理与分析，归纳其共性特征与共有规律，提出了相应的分类整理方法与命名规则，为后续研究提供支撑。

2. 基于关联数据的南海水下文化遗产知识组织模型构建研究

根据资源调查与分类整理结果，在对遗产资源特征与存在问题进行分析基础上，分析了其知识组织的基本思路、基本原则与服务需求，采用数据建模方法，设计并提出了相应的南海水下文化遗产知识组织行为与知识组织理论模型，提出了相应的体系结构与业务逻辑，并对其业务内容进行了分析。

3. 基于关联数据的南海水下文化遗产知识组织分析

依据其知识组织模型，设计并提出了相应的遗产元数据标准规范与著录规则，并结合实际，对遗产及其相关资源的关联数据模型构建进行了分析，设计并提出了一种基于多源协作的南海水下文化遗产关联数据构建与发布模型，提出了相应的领域本体构建模型与方法，并对相应的知识组织应用进行了分析。

4. 基于关联数据的南海水下文化遗产可视化检索与文献资源共享研究

在前面研究基础上，设计并提出了一种基于关联数据的可视化检索模型，并对其语义标注、语义信息检索引擎等关键技术进行了分析，进而提出相应的文献资源共享模式，为相关领域提供参考借鉴。

5.“南海Ⅰ号”水下文化遗产文献资源共享与可视化检索实证分析

以“南海Ⅰ号”为例，对其水下遗产保护技术体系与资源调查框架进行了调查分析，对其分类整理方法、命名规则，语义标注等理论模型与技术方法进行了实证分析，并将其与传统信息服务体系进行了对比分析。

（二）研究方法

本成果综合运用旅游管理、图书馆学、水下考古学与信息科学等多学科理论与方法开展研究，具体研究方法除文献研究、专家访谈、比较分析等之外，还包括：

（1）调查法：通过实地调查、网络调查、问卷调查、深度访谈与田野调查等方法对南海水下文化遗产及其文献资源共享现状进行系统调查。

（2）归纳演绎法：通过归纳演绎，理清南海水下文化遗产文献资源共享与可视化检索研究的理论体系、关键问题与体系构建方法等，分析本研究各环节存在的问题、原因及对策等。

（3）案例分析法：选择国内外相关典型案例，对其建设、管理与服务模式进行分析；选择第三次全国文物普查公布的南海水下文物遗产点与遗址为主要实证调查案例，并以“南海Ⅰ号”为例，对提出的理论模型与技术方法进行实证检验。

（4）实验法：通过实验测试、模拟仿真等方法，搭建相应的模拟实验场景和测试任务，让用户在可控环境下完成相关实验过程，对相关模式与应用的合理性、科学性进行测试与评估，并对所提出的理论模型与技术方法进行实证检验，评价该理论、技术与应用的可用性、易用性和实践应用价值。

三、理论创新和学术价值

（一）理论创新

（1）针对目前国内水下文化遗产及相关资源，缺乏统一的分类标准与命名规则等理论问题，本成果在全面调查分析基础上，提炼出其共性特征与共性规律，设计并提出了一种具有较强可操作性、可扩展性的分类整理方法和命名规则。

（2）针对水下考古项目持续时间长、涉及机构人员多、发掘与管理过程复杂等因素带来的技术难点与痛点问题，本成果提出了一种基于多源协作的遗产关联数据构建与发布模型，较好地解决了该问题。

（3）针对目前国内水下文化遗产及相关资源的数据管理相对孤立，从底层数据耕耘、中层信息建设到高层知识共享都略显不够等实践问题，本成果从遗产类型、数字资源类型、水下考古项目等五个维度，面向其知识服务链，设计并提出了一套基于关联数据的知识组织模型与可视化检索体系，有效地解决了该应用问题。

（二）学术价值

①有利于丰富和完善文旅融合、数字人文理论体系；②能为揭示并破解当前南海水下文化遗产保护与开发利用面临的瓶颈制约，提供重要理论支撑；③能为南海水下文化遗产资源调查、分类整理与开发利用研究提供理论依据。

四、应用价值和经济、技术、社会效益

（一）应用价值

①可为国家、政府层面制定南海水下文化遗产保护与开发利用政策提供决策参考；②有助于促进南海水下文化遗产及其相关文献资源的深度融合与开发利用；③能为南海权益争端问题提供重要的文献资源和理论支撑，对于维护我国南海边疆地区的团结稳定也具有十分重要的应用价值。

（二）经济、技术、社会效益

（1）本研究先后被敦煌研究院、南京图书馆、重庆维普资讯有限公司等国内重要研究、学术机构与知名企业采纳应用，为相关珍藏古籍文献、文化遗产数字化保护与开发利用研究提供了重要支撑。

（2）本研究作为国家社科基金最终结题成果，已通过全国哲学社会科学规划办公室组织的结题评审，结题鉴定等级为“优秀”，课题主持人即本成果第一作者。

（3）研究阶段性成果共 13 篇论文。其中，在 CSSCI 核心期刊上发表论文 9 篇，在 CSSCI 扩展版或中文核心期刊上发表论文 4 篇，被人大复印资料全文转载 3 篇，总下载次数超 10000 次，总被引次数 150 余次。

（4）研究成果《关于加强南海水下考古档案资源保护与开发利用的建议》咨政报告，于 2022 年 3 月获全国人大正部级领导肯定性批示，于 2022 年 6 月获得国家文物局采纳应用（正式公文回函）。

渭南市红色文化遗产保护和利用的对策建议

作　　者：余侃华，王嘉伟，杨俊涛，任娟，张月，程哲，丁华
依托单位：长安大学
成果类别：集体成果

一、研究内容

本研究遵循“理论应用于实践，实践检验推动理论深化”的螺旋式上升与发展逻辑，形成“基础研究→目标架构→对策路径”的研究思路（图 1）。挖掘整理渭南市红色文化旅游资源，对获取的红色资源进行归类和科学的价值评判。从结构和功能的角度，对渭南市红色文化旅游资源的文化底蕴、文化特点和文化价值进行系统分析，构建文化旅游资源保护发展的系统动力学模型，再现及仿真整体性发展系统中的地方性力量和作用机制，从质性化和定量化角度诊断现实问题和不足。探索渭南市红色文化旅游资源保护技术框架及传承地域模式，并将红色文化线路、红色文化可视化、旅游开发反馈等纳入研究视域。探索旅游资源保护技术框架以及地域模式，创新渭南市红色文化旅游资源的保护传承优化路径及实施导则。

（1）梳理国内外文化旅游资源保护、传承及利用相关研究进展及经验；

（2）挖掘整理渭南市红色文化旅游资源及现状评估；

（3）检讨区域红色文化旅游资源资源整合开发问题及趋势；

（4）探索渭南市红色文化旅游资源保护技术框架及传承地域模式；

（5）创新渭南市红色文化旅游资源的保护传承优化路径及实施导则。

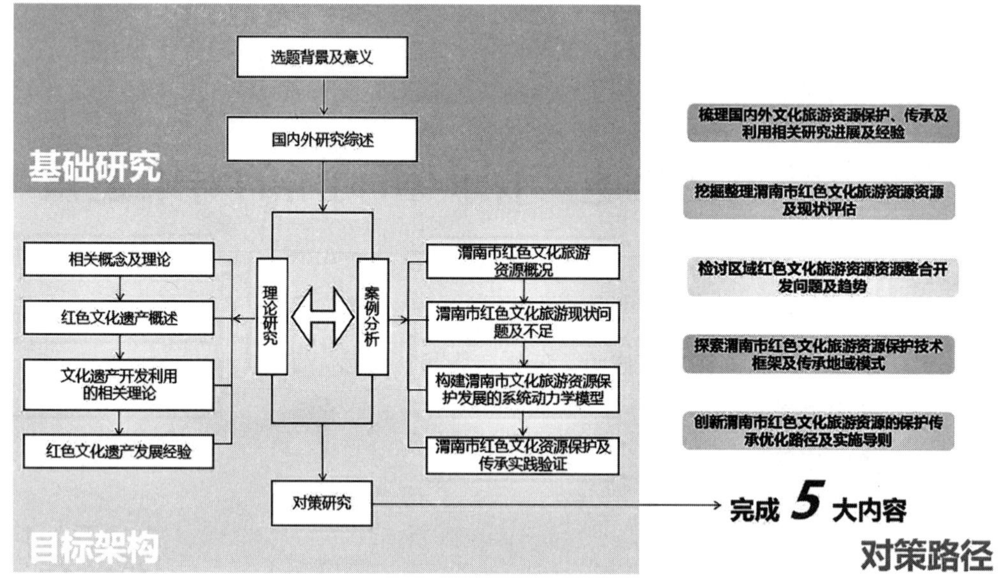

图1　研究思路

二、研究框架和研究方法

本研究以渭南市红色文化遗产及相关文化旅游资源为研究对象，红色文化旅游资源在形式上可概括为“人、事、物、魂”，有物态文化、制度文化、精神文化等多种表现形态，物质文化形态和非物质文化形态有机统一。红色旅游可持续发展涉及众多要素，各要素之间在物质循环、信息交流、资源共享等方面存在普遍联系，本研究拟从红色旅游的生态化转型着手，促进渭南市红色旅游资源各相关要素的互利共生和协同再生，推动渭南市红色旅游整体水平的优化提高，基于结构优化、合作共生和生态创新等基本理念，研究总体框架如图2所示。

利用 multicriteria-spatial 决策支持系统（MC-SDSS）、层次分析法（AHP）、GIS信息技术等方法中对区域性遗址的资源构成、价值及风险评估、虚拟建模以及可持续性旅游开发等内容进行研究。以当地人的“内部眼光”和受访者的“自我解释”，用“深描”和“阐释”，“质性化”和“定量化”方式，深入透析渭南市红色文化旅游资源保护与传承的地方性规律和机制。遵循“理论基础—质性分析—模型架构—仿真演化”的技术方法，结合案例实证，进行仿真演化分析，实现静态与动态的耦合研究。

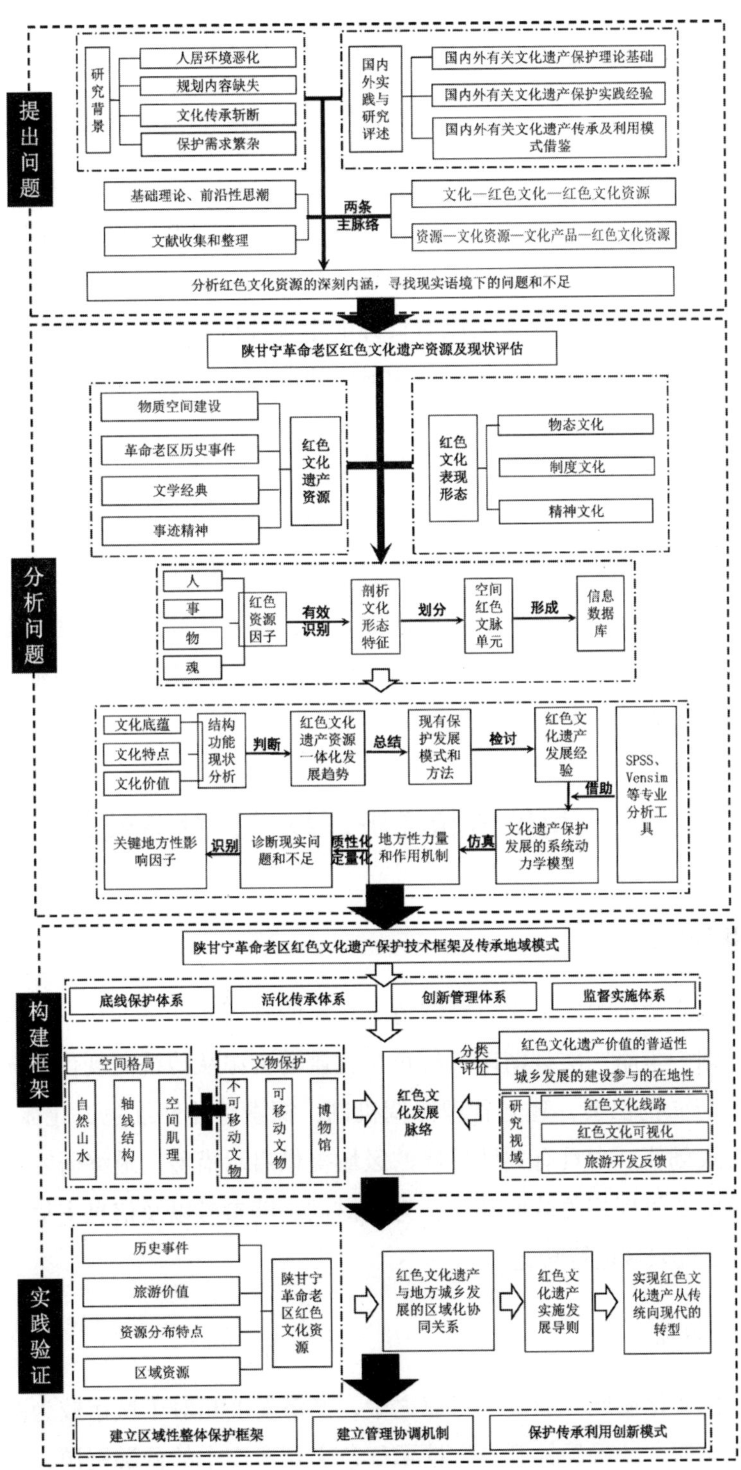
提出问题
研究背景
人居环境恶化
规划内容缺失
文化传承斩断
保护需求繁杂
国内外实践与研究评述
国内外有关文化遗产保护理论基础
国内外有关文化遗产保护实践经验
国内外有关文化遗产传承及利用模式借鉴
基础理论、前沿性思潮
文献收集和整理
两条主脉络
文化—红色文化—红色文化资源
资源—文化资源—文化产品—红色文化资源
分析红色文化资源的深刻内涵，寻找现实语境下的问题和不足
分析问题
陕甘宁革命老区红色文化遗产资源及现状评估
物质空间建设
革命老区历史事件
文学经典
事迹精神
红色文化遗产资源
红色文化表现形态
物态文化
制度文化
精神文化
人
事
物
魂
红色资源因子
有效识别
剖析文化形态特征
划分
空间红色文脉单元
形成
信息数据库
文化底蕴
文化特点
文化价值
结构功能现状分析
判断
红色文化遗产资源一体化发展趋势
总结
现有保护发展模式和方法
检讨
红色文化遗产发展经验
借助
SPSS、Vensim等专业分析工具
文化遗产保护发展的系统动力学模型
仿真
地方性力量和作用机制
质性化
定量化
诊断现实问题和不足
识别
关键地方性影响因子
构建框架
陕甘宁革命老区红色文化遗产保护技术框架及传承地域模式
底线保护体系
活化传承体系
创新管理体系
监督实施体系
空间格局
自然山水
轴线结构
空间肌理
文物保护
不可移动文物
可移动文物
博物馆
红色文化发展脉络
分类评价
红色文化遗产价值的普适性
城乡发展的建设参与的在地性
研究视域
红色文化线路
红色文化可视化
旅游开发反馈
实践验证
历史事件
旅游价值
资源分布特点
区域资源
陕甘宁革命老区红色文化资源
红色文化遗产与地方城乡发展的区域化协同关系
红色文化遗产实施发展导则
实现红色文化遗产从传统向现代的转型
建立区域性整体保护框架
建立管理协调机制
保护传承利用创新模式

图 2　研究框架

三、理论创新和学术价值

（一）理论创新

红色文化旅游资源创造性转化是文化与其生境动态协调的过程，同时也是红色文化向中国特色社会主义新时代文化前进的现代化过程。深入探讨红色文化旅游资源的区域整体性研究，以揭示红色文化旅游资源的系统性机制与规律，有助于丰富我国红色文化旅游资源保护传承的理论体系，为科学研究红色文化旅游资源转型发展问题探索新的范式。

（二）学术价值

首次提出文化再生产理念，确保红色文化旅游资源的创造性转化与创新性发展。在思想理念、体制机制、政策法规、内涵形式、措施方法和评价监管等方面实施创新驱动战略，积极开展理性科学的探索创新。促进红色文化旅游资源的永续传承、创新发展、繁荣振兴和造福于人。

四、应用价值和经济、技术、社会效益

（一）应用价值

从红色文化旅游资源实践来，到红色文化旅游资源实践去，从“理念—方法—框架—程序—导则—策略”实现渭南市红色文化旅游资源从传统向现代的转型。建立区域性整体保护与弘扬框架，建立管理协调机制，探索整体性红色文化旅游资源保护、传承和利用模式创新。为具有共性特质的区域提供启示借鉴。最终研究成果将呈送给红色文化旅游资源管理相关政府部门，为其提供决策参考以及信息支撑，使最终成果向保护传承与建设领域进行转化。

（二）经济效益

渭南市红色文化遗址一般位于村镇之中，经济发展相对于城市较为落后，通过对渭南市红色文化遗产的保护性开发，挖掘红色文化遗产中的旅游资源，将红色文化与地域文化结合起来，既便于传播红色文化，又可以将红色文化遗产转变为经济价值，

从而带动当地的经济发展，充分发挥其经济效益。

（三）技术效益

系统挖掘渭南市中的红色文化旅游资源，进行立档、抢救、保存、保护、传承，确保其持续有效的传承发展。将红色文化旅游资源与其城乡生境动态协调，深入解析保护利用发展中的现实问题，从红色文化旅游资源“项目”的保护扩展到红色文化旅游资源“生态”的整体性保护，从外在的传承场所回到村寨、社区、城市，在文化共同体中做好红色文化旅游资源的保护传承工作，形成渭南市各红色文化遗产地之间的合作与交流机制。

（四）社会效益

渭南市红色文化旅游资源保护与传承的社会效益包含促进社会全面进步和健康发展。一方面，传承与弘扬了渭南新时代中国社会主义先进文化，树立文化自信，培育和践行社会主义核心价值观；另一方面，对保持党员干部保持良好的作风、对青少年进行爱国主义教育、坚定理想信念有重要作用。同时，对渭南发展红色旅游、文化产业具有重要意义。

新时代背景下江苏省文旅消费现状与创新举措研究

作　　者：徐菲菲，宣国富，殷进，刘雪蕊，何云梦，剌利青，韩磊
依托单位：东南大学
成果类别：集体成果

一、研究内容

文旅消费是经济增长的新动能，是推动供给侧结构改革和满足人民幸福生活的主力军。在经济高质量发展、“国内—国际”生产—消费双循环新格局和两个一百年的新时代背景下，我国的经济、政治、社会条件为文化和旅游产业深度融合奠定了坚实的基础，同时也创生了创新、高效、生态、绿色的高质量文旅产业。

本研究通过对江苏省文旅消费相关文献资料的系统梳理、相关网站网络大数据的文本挖掘和分析，以及 2021 年 6 月和 7 月两次景区实地问卷调研，完成了本项目关键数据的获取、分析和处理工作。在此基础上，完成了项目的研究报告。

本研究主要研究结论如下：

（1）江苏省文旅消费新业态呈现出三个增长点：夜间经济、体验经济、网红经济。

（2）江苏省文旅消费潜在市场需求表现为四个特征：峰谷均衡化、搜索区域化、人群年轻化、动机多元化。

（3）江苏省文旅消费核心体验要素呈现出五个维度：业态多元、功能突出、文化引领、需求共现、夜景添彩。

（4）江苏省文旅消费整体满意度较高，其中演艺活动、餐饮设施、住宿设施、娱乐设施和老字号等项目的满意度还有待提高。

（5）凝练出全国其他省（市）文旅消费创新举措，包括：建设智慧文旅、树立文旅品牌、优化产品供给、推进“文、商、旅、城”深入融合、迎合文旅消费新需求、创新文旅消费新模式、促进文化产业、文化事业和旅游业协同发展等。

（6）从文旅产品供给体系、上层运营管理、智能化建设水平等不同层面提出促进江苏省文旅消费创新举措的对策建议（图1）。

二、研究框架和研究方法

（一）研究框架

本研究按照“现状分析→潜在市场需求分析→核心体验要素分析→实地调研分析→案例借鉴→文旅消费创新举措”的逻辑线，采用大数据挖掘分析、文本分析、问卷调查等相结合的方法，以江苏省文旅消费市场为研究对象，从不同层面提出促进江苏省文旅消费创新举措的对策建议。

（二）研究方法

1. 大数据挖掘分析法

以“江苏旅游”为搜索关键词在百度指数平台上获取2019年6月—2021年6月两年内的百度指数数据，以期探求江苏省文旅消费市场的实际需求分布，并探求其潜力所在。

2. 文本分析法

综合考虑景区的知名度、代表性及在线评论数据的可得性，爬取具有文旅消费代表性的携程、大麦、大众点评网站上南京夫子庙步行街、熙南里历史文化休闲街区和《南京喜事》沉浸式实景演出、苏州市观前街、常州市中华恐龙园、无锡市拈花湾禅意小镇和扬州市瘦西湖景区的游客评论数据，并对此进行高频词分析、语义网络分析。

3. 问卷调查法

使用定点便利抽样法，在南京市金陵小镇和夫子庙步行街进行问卷调研，并对搜集到的问卷数据进行客源分析、满意度分析、满意度影响因素分析。

4. 对比分析法

分析对比其他省市的创新举措和优秀案例，为江苏省文旅消费创新举措提供参考价值。

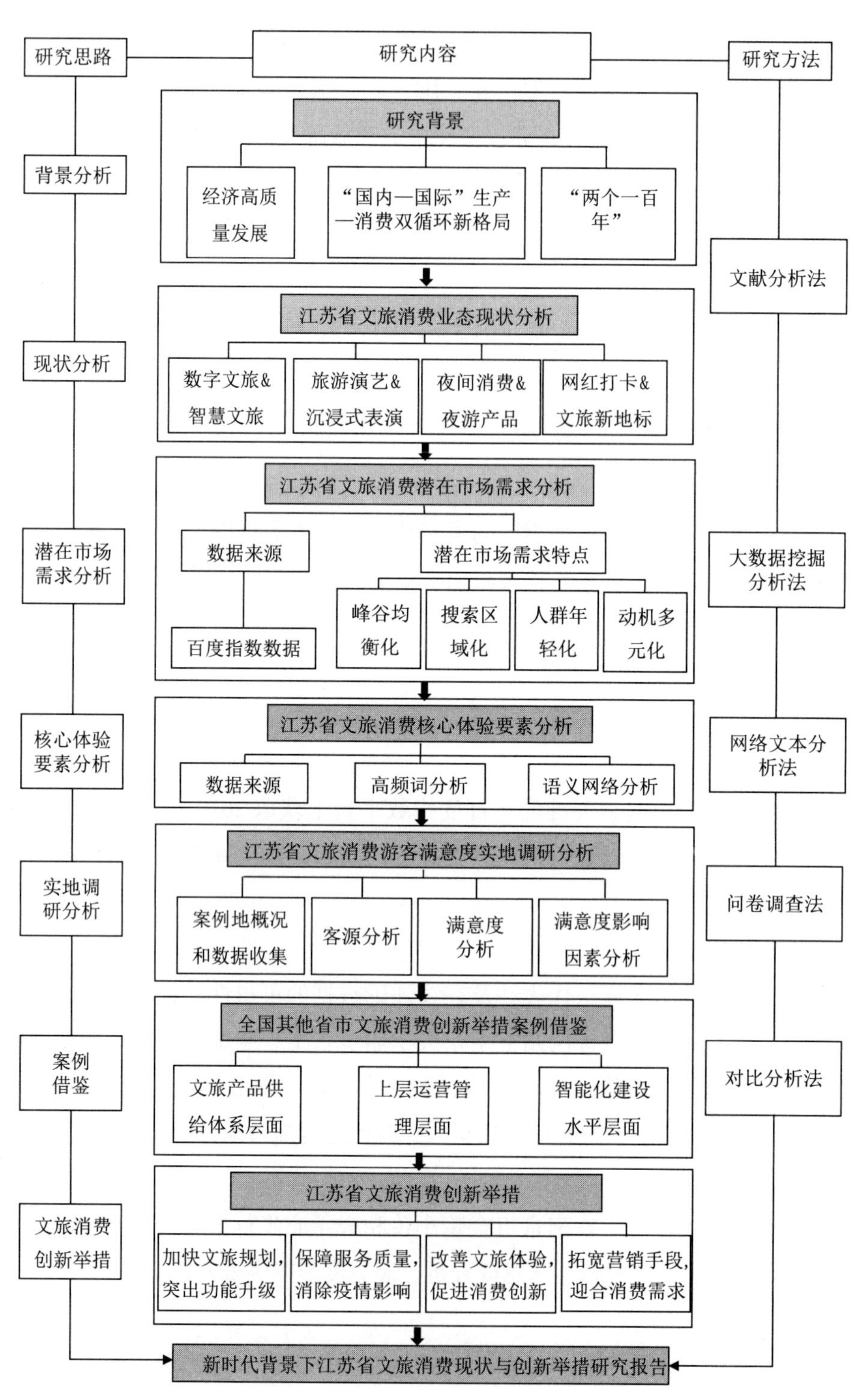
研究思路
研究内容
研究方法
研究背景
背景分析
经济高质量发展
“国内—国际”生产—消费双循环新格局
“两个一百年”
文献分析法
江苏省文旅消费业态现状分析
现状分析
数字文旅&智慧文旅
旅游演艺&沉浸式表演
夜间消费&夜游产品
网红打卡&文旅新地标
江苏省文旅消费潜在市场需求分析
潜在市场需求分析
数据来源
潜在市场需求特点
大数据挖掘分析法
峰谷均衡化
搜索区域化
人群年轻化
动机多元化
百度指数数据
江苏省文旅消费核心体验要素分析
核心体验要素分析
网络文本分析法
数据来源
高频词分析
语义网络分析
江苏省文旅消费游客满意度实地调研分析
实地调研分析
问卷调查法
案例地概况和数据收集
客源分析
满意度分析
满意度影响因素分析
全国其他省市文旅消费创新举措案例借鉴
案例借鉴
对比分析法
文旅产品供给体系层面
上层运营管理层面
智能化建设水平层面
江苏省文旅消费创新举措
文旅消费创新举措
加快文旅规划，突出功能升级
保障服务质量，消除疫情影响
改善文旅体验，促进消费创新
拓宽营销手段，迎合消费需求
新时代背景下江苏省文旅消费现状与创新举措研究报告

图1　研究框架

三、理论创新和学术价值

本研究总结出江苏省文旅消费新业态的三个经济增长点、四个潜在市场需求特征、五个核心体验要素，并在对比全国其他省市文旅消费创新举措的基础上，从文旅产品供给体系、上层运营管理、智能化建设水平等不同层面提出促进江苏省文旅消费创新举措的对策建议。研究结果对江苏省文旅消费的新情况、新问题，做出了新的理性分析和理性解答，在一定程度上揭示和预见了我国同类型省市文旅消费的规律和发展变化趋势，并丰富了我国文旅消费的理论研究。

四、应用价值和经济、技术、社会效益

本研究报告提交给江苏省哲学社会科学界联合会，通过专家评审为“优秀”等级，并经审核后结项。报告提交给江苏省文化和旅游厅产业发展处，获得好评：“该报告理论与实践相结合，框架合理，内容丰富，数据全面，分析到位。该报告对我们开展文旅消费工作，特别是制定相关工作和计划有较高借鉴意义。”

此外，在此基础上，项目组提炼出两篇论文“基于 SOR 理论的文旅消费驱动机制研究”将于《旅游科学》(CSSCI) 待刊，“文旅融合背景下城市文旅消费体验及满意度研究”《中国名城》2022 年 36 卷第 6 期刊发。通过该研究，本课题组成员从项目实践中发现了文旅消费的实际问题，学习了文化和旅游发展相关理论，将所学理论运用于实践中，并做出具有针对性的学术研究，最终形成了产—学—研相结合、理论与实践相结合的工作模式。

关于戏曲音乐创作人才培养现状的调研报告

作　　者：雷喜宁，尹晓东，杨舟贤，刘立明，谢振强，牛长虹，陈晓娟，薛雪，李悦，赵茜，刘莉
依托单位：国家艺术基金管理中心
成果类别：集体成果

一、研究内容

为贯彻落实《国务院办公厅印发关于支持戏曲传承发展若干政策的通知》精神，深入了解当代戏曲音乐创作人才现状，进一步加强戏曲创作人才培养工作，在国家艺术基金管理中心等单位的支持下，中国戏曲学院、中国戏曲音乐学会就制约戏曲音乐创作人才培养的主要原因，探索解决戏曲音乐创作人才青黄不接的对策与建议，聚焦“戏曲音乐创作人才培养”，对培养戏曲音乐创作人才的方法和途径等问题开展了联合调研。

二、研究框架和研究方法

（一）数据分析

1. 戏曲音乐创作从业人员数量少

以中国戏曲音乐学会这一全国专业的学术团体为依托，对京剧、昆曲、豫剧、黄梅戏、评剧、秦腔、晋剧、河北梆子、粤剧等多个在全国影响较大的剧种，以及汉剧、梨园戏、瓯剧、婺剧等濒危剧种中从事该剧种音乐创作人员的数量进行调研，具体数据如表1所示。

表 1　部分剧种作曲人员数量

剧种	京剧	昆曲	豫剧	黄梅戏	评剧	秦腔	粤剧	晋剧	河北梆子	汉剧	瓯剧	梨园戏	婺剧
作曲人数	20	5	11	9	6	4	8	8	7	3	3	3	8

从表 1 中可以看出，戏曲音乐创作人员从业数量堪忧。其中，京剧的专业作曲数量为 20 人，是调查剧种中数量最多的剧种，而从事豫剧音乐创作的从业者只有 11 人，配备专业作曲的剧团更是少之又少。

2. 戏曲音乐创作从业人员年龄梯队不合理

在各剧种音乐创作人员数量堪忧的情况下，其年龄梯队的状况更是值得关注。表 1 中统计的 13 个剧种 95 位作曲人员，其年龄情况分布如表 2 所示。

表 2　剧种作曲人员年龄分布

年龄段	30~45 岁	45~60 岁	60~75 岁	75 岁以上	合计
人数（人）	21	30	18	23	92
比例（%）	22.8	32.6	19.6	25	100

从表 2 可见，13 个剧种的音乐创作人才数量比例最大的年龄段为 45~60 岁，占 32.6%。以豫剧为例，45~60 岁的音乐创作人员有 5 位，60 岁以上有 4 位，而 30~45 岁这一年龄段，本应作为中流砥柱在豫剧音乐创作事业中发挥重要作用的人员则只有 2 位。作为梆子腔鼻祖的陕西秦腔，30~45 岁这一年龄段的数字为 0，极度缺乏音乐创作的后备人才。“百戏之祖”昆曲在 30~45 岁这一年龄段的音乐创作人才只有 1 位。

（二）专家研讨

邀请京剧、昆曲、豫剧、河北梆子、评剧、晋剧、汉剧、川剧、黄梅戏、越剧、汉剧、楚剧、淮剧等十多个剧种 20 余位作曲家以及戏曲理论家、教育家在线上召开专题调研座谈会。与会专家纷纷表示，戏曲音乐创作人才的状况直接关系到戏曲艺术传承发展的质量，目前戏曲作曲家大多已年过花甲，甚至还有耄耋之年的老作曲家仍坚守在创作一线，青年戏曲音乐创作人才的培养具有极端的必要性和紧迫性。调研中专家们对戏曲音乐创作人才现状进行了分析，就其人才培养的路径和方法进行了深入探讨，并强烈呼吁国家制订专项人才培养计划，加强对戏曲音乐创作高端人才的培养。

调研组在对其相关数据进行分析和深入调研的基础上，形成调研报告。

（三）个别访谈

以中华人民共和国成立后最早投入戏曲音乐革新的作曲家之一刘吉典先生的成长经历为例。刘吉典自小就表现出对民间音乐的特殊热爱。1951 年，他被调到中央戏剧学院崔承喜舞蹈研究班任音乐组长兼民乐队作曲和指挥，为欧阳予倩在中国戏曲学校编排的京剧小舞剧《春天的喜悦》进行了大胆的音乐创作。1955 年，刘吉典正式调入中国京剧院，之后创作出《三座山》《白毛女》《红灯记》等剧目中脍炙人口的唱腔。著名的戏曲作曲家如京剧的刘吉典、关雅浓、任枫、高一鸣，黄梅戏的时白林、豫剧的王基笑、昆曲的王大元等的成才之路对于如何培养出合格的戏曲作曲人才有着重要的启示作用。因此，在剧团中招收有一定基础和创作实践经验的人才进行再培养，是解决目前人才青黄不接的有效方法。

三、应用价值和经济、技术、社会效益

（一）部领导批示

为做好启动重大项目资助工作，管理中心于 2022 年委托中国戏曲学院等单位就支持戏曲传承发展开展了专题调研，形成了《关于戏曲音乐创作人才培养现状的调研报告》。根据调研情况，管理中心在研究国家艺术基金重大项目相关工作时，提出了将“戏曲音乐创作人才培训”项目作为重大项目给予扶持的建议，并向卢映川副部长作了汇报，并得到部长批示。

（二）设立重大项目

落实中央人才工作会议、全国文化和旅游人才工作电视电话会议精神，积极推进《“十四五”期间文化和旅游人才发展规划》实施工作，管理中心在做好艺术人才培养项目资助工作的同时，积极谋划通过设立重大项目予以更加有力精准的资助。《国家艺术基金“十四五”时期资助规划》提出，艺术人才培训重大项目将重点资助以培养重要和关键艺术领域领军人物为目标的人才培训项目。

文旅融合推动长三角一体化发展研究

作　　者：张环宙，高静，吴茂英，骆文斌，张健康，周波，沈旭炜，蒋艳，朱光良，应舜

依托单位：浙江外国语学院

成果类别：集体成果

一、研究内容

主要包括以下内容：

一是研究必要性分析。本研究认为，文旅融合是长三角一体化国家战略的重要内容和先行推进者，因而从文旅融合的视角推动长三角一体化的研究是十分必要的。

二是现实基础和普遍难点。本研究对2019年《长三角区域一体化发展规划纲要》印发以来，文旅融合在长三角区域战略定位、重点领域、创新方法等方面的主要成就进行了总结。课题组通过广泛调研，归纳了外部环境、合作机制、资源利用、均衡发展、成效增量五个方面存在的普遍难点。

三是案例借鉴与启示。遴选美国旧金山湾区、东京都市圈、粤港澳大湾区、京津冀地区、成渝城市群等国内外案例，梳理它们在区域一体化中的文旅融合成功做法及其启示。

四是战略目标。本研究提出长三角文旅融合高质量发展的三大战略目标，即打造全球闻名的世界级一流旅游目的地、区域文旅一体化高质量发展示范区和展示新时代中国国家形象的前沿窗口。

五是制度安排。围绕三大战略目标，提出五大机制，即优化跨区域统筹合作机制、构建文旅信息资源共享机制、深化文化生态资源共享机制、健全水上旅游合作机制、完善文旅标准建设机制。

六是政策设计。即旅游交通政策、水上旅游政策、入境旅游政策、文旅审批政策、文旅土地政策、国际交流政策、文旅人才政策。

二、研究框架和研究方法

在研究框架上，本研究遵循“必要性提出—基础和问题分析—优秀经验借鉴—问题解决”的总体思路展开，六大部分内容之间呈现环环相扣、层层递进的关系。

在研究方法上，主要采用文献研究法、深度访谈法和焦点小组法。在课题开展过程中，课题组收集了大量相关的文献资料，克服疫情影响困难，以深度访谈和焦点小组法为主，先后赴浙江、安徽、上海三省市进行专题调研（具体情况如表1所示），收集了大量一手资料，作为研究的主要依据。此外，课题组长期以来扎根浙江，深耕长三角，对长三角文旅产业发展情况较为熟悉，为本研究奠定了坚实的基础。

表1　课题调研情况

调研时间	调研形式	调研对象
2020年5月	深度访谈、资料收集	浙江省文旅厅主管副厅长、政策法规处、市场管理处、产业发展处、深化体制机制改革专项领导小组办公室等处室负责人员
2020年7月	专题调研座谈会、资料收集	安徽省发改委社会处、安徽省发改委皖南处、安徽省文旅厅产业发展处、安徽省文旅厅公共服务处、安徽省文旅厅资源开发处等部门负责人员
2020年7月	专题调研座谈会、资料收集	黄山市发改委、文旅局、社科联、生态环境局、齐云山投资集团有限公司等企事业单位负责人员
2021年6月	深度访谈、资料收集	浙江省文旅厅主管副厅长、省文旅厅长三角一体化建设工作专班负责人员
2021年7月	专题调研座谈会、资料收集	上海市发改委长三角处、上海市文旅局政策法规处、市文旅局资源开发处、市文旅局产业处、市文旅局宣传推广处、徐汇区文旅局、上海浦江游览集团有限公司、青浦旅游公共服务中心等单位负责人员

三、理论创新和学术价值

本研究的视野和研究的战略性思考，体现了很好的马克思主义认识论、方法论的理论基础。同时，本研究还十分注意对文献资料的梳理分析，在此基础上对于长三角一体化发展的文旅融合实践与成功经验进行了规律性总结和理论性思考。本研究团队还非常注重实地的调查研究，搜集了相当数量的一线资料，对于如何以文旅融合助推长三角区域一体化发展的国家战略提出了操作性较好的对策建议，为政府管理部门和市场经营部门以及理论研究部门提供了不同视角的政策参考。

四、应用价值和经济、技术、社会效益

本研究的阶段性成果得到了浙江省主要领导的高度肯定，为长三角文旅主管部门的相关决策提供了重要依据，也为推动长三角一体化文旅融合高质量发展提供了理论和现实指导。具体产生的效益如下：

（1）调研阶段性成果《文旅融合推动长三角一体化发展对策》被《浙江社科要报》2021 年第 72 期（总 732 期）刊用，并呈报省领导，获得时任省委书记袁家军，常务副省长陈金彪，副省长成岳冲批示；

（2）调研阶段性成果《长三角一体化文旅融合高质量发展的合作机制与先行政策研究》获评浙江省文化和旅游系统 2021 年度十佳调研报告，排序第一；

（3）调研阶段性成果《长三角地区文旅融合发展的经典模式、重要经验与存在问题》为基础，承担并完成国家发改委 2020 年度社会发展重大课题《“十四五”时期推动文化旅游融合与高质量发展战略研究》，研究成果成为国家发改委相关领域的政策制定、规划编制中的重要参考，产生了较好的社会影响力；

（4）调研最终成果《文旅融合推动长三角一体化发展研究》呈送长三角四省市相关政府部门，为推动长三角一体化发展提供智力支持。

文旅融合背景下旅游驿站功能提升与优化路径研究

——以北部生态发展区为例

作　　者：庞莉华，刘学敏，刘学伟，余颖，李国平
依托单位：广东省文化和旅游发展与保障中心
成果类别：集体成果

一、研究内容

旅游驿站作为大众化旅游时代下满足游客新需求特征，特别是自驾游客旅游需求的重要服务设施，既是旅游公共服务的实际载体，也是展现地方文化和旅游形象的窗口。在新时代背景下，如何更好地发挥旅游驿站服务功能，是文旅公共服务工作中的重要议题。基于此，本研究提出以下内容：

（一）构建旅游驿站研究的理论框架

在对公共服务、旅游公共服务等理论梳理的基础上，结合相关政策文件和标准，对旅游驿站的概念、范围、分类、特征、功能等进行界定，形成研究基础。

（二）分析北部生态发展区旅游驿站供给现状

在系统梳理北部生态发展区文旅产业发展情况基础上，对高速公路旅游驿站、普通公路旅游驿站、旅游风景道驿站以及慢行系统旅游驿站等展开分类分析。同时以普通公路旅游驿站为重点，形成对旅游驿站发展现状的系统研判。

（三）梳理国内外旅游驿站先进发展经验

以欧美、日本以及我国浙江、海南等旅游驿站建设相对先进的地区作为参考，对相关发展经验进行总结，形成可借鉴经验。

（四）剖析北部生态发展区旅游驿站建设存在的问题

结合行政部门访谈和实地调研，提出建设标准规范尚未统一、文旅特色彰显不足、驿站功能体验不佳、建设资金存在缺口等问题，明确制约旅游驿站进一步发展的瓶颈。

（五）构筑功能提升和优化发展路径

基于目前旅游驿站建设的痛点难点，从注重顶层设计，编制建设指引；丰富文旅功能设置；采用绿色环保设施；提升旅游驿站智能化服务水平等方面，提出推动其发展的有效路径。

（六）探索编制《广东省旅游驿站建设与服务指引（草案）》

基于广东省发展实际，明确旅游驿站建设的基本要求。并从建筑环境、设施设备等角度充分考虑，编制形成一级、二级、三级旅游驿站的设置要求。

二、研究框架和研究方法

（一）研究框架

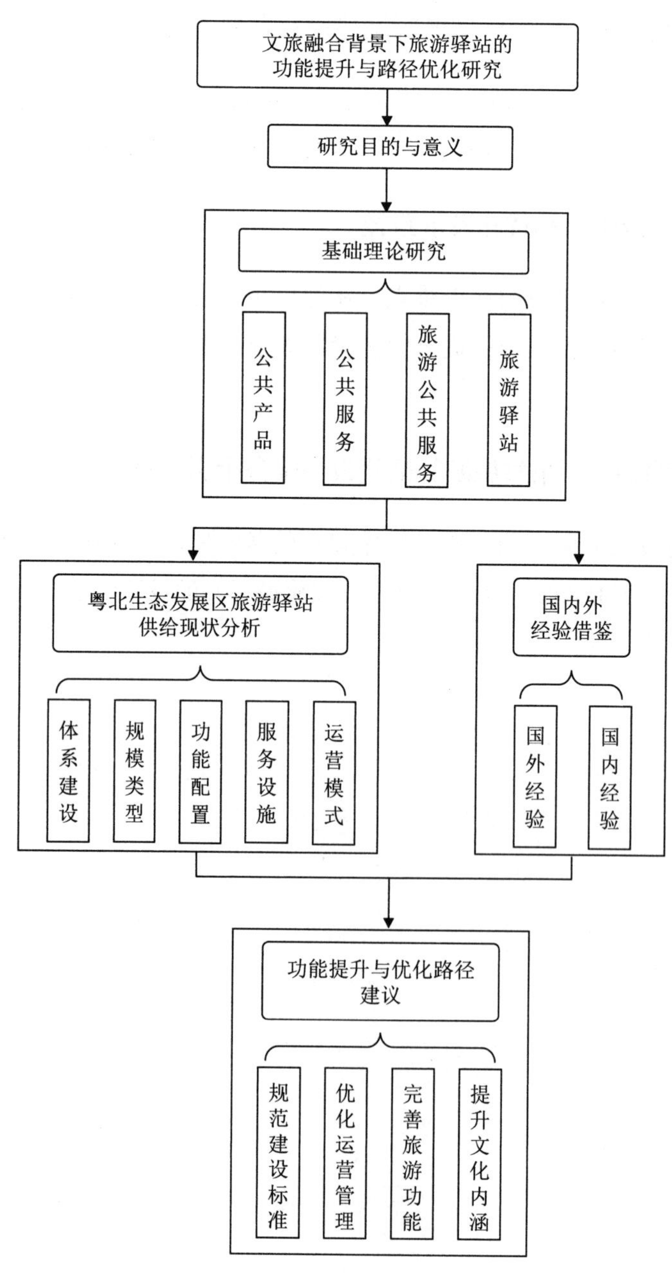

图1　研究框架

（二）研究方法

1. 文献分析法

系统收集整理国内外相关学术研究成果，分析旅游公共服务、旅游驿站等方面的研究历史和内容；梳理近年来关于“文旅融合”“旅游公共服务”“旅游驿站”等相关的政策法规、标准制度等，形成研究的理论基础。

2. 实地调研法

采用实地调查和重点访谈的方法，深入了解北部生态发展区的旅游驿站的发展现状、建设特点、管理模式及制约因素，获取一手调研资料和数据。

3. 专家讨论法

编制完成研究报告初稿。组织开展专家小组评议会，征求行业部门、学术专家等对理论框架、供给现状以及优化路径等方面的意见建议。

三、理论创新和学术价值

（一）以“旅游驿站”为切入口，对其内涵进行系统研究

经过对相关文献的检索，发现目前学术界大部分的研究集中在探讨具体的案例实践和规划建设，系统性的研究不多，本研究的开展相对弥补了旅游驿站在理论研究方面的不足。

（二）探索编制《广东省旅游驿站建设与服务指引》

通过对相关研究进行梳理发现，海南、云南、内蒙古、安徽等省区对旅游交通或旅游驿站都有制定专门的规划或建设指引，相比较而言，广东省缺乏省级层面缺乏统一的建设指引。本研究探索编制《广东省旅游驿站建设与服务指引》，对广东省旅游驿站的实际建设提供规范引导。

四、应用价值和经济、技术、社会效益

（一）有利于完善文旅公共服务体系，提升文旅公共服务水平

优质的公共服务，是满足人民日益增长的文化旅游需求的基本保障，是实现文化和旅游业高质量发展的必然要求。全国文化和旅游工作会议强调“要着力提升公共服务覆盖面和实效性”。旅游驿站是文旅公共服务体系的重要组成部分，是广大游客的需求点和关注点，做好旅游驿站的文章，将有助于进一步丰富文旅公共服务体系内容，更好地满足游客旅游出行的需求。

（二）有利于推动文化、旅游和交通产业融合发展，创新文旅游公共服务供给

当下，广大游客对于文旅公共服务的需求已从“停留、休憩、补给”上升为多元化、个性化的物质和文化综合体验需求。旅游驿站不仅是旅游交通的节点和游客旅途休憩的场所，也可以是当地文化和旅游形象展示的平台，在文化、旅游、交通的融合中大有可为。充分发挥旅游驿站的综合属性，提升旅游驿站文化内涵与体验功能，促进“文化 + 旅游 + 交通”的融合发展，将有助于落实《广东省加快推进文化和旅游融合发展三年行动计划（2020—2022 年）》工作部署，提升文旅公共服务效能。

（三）有利于推进北部生态发展区文化和旅游公共服务建设，促进全省文化和旅游公共服务均等化发展

“一核一带一区”是广东省委、省政府的重大战略部署，《关于构建“一核一带一区”区域发展新格局促进全省区域协调发展的意见》中明确提出，北部生态发展区要“打造全球知名旅游品牌和旅游目的地以及服务粤港澳大湾区的旅游休闲区”。北部生态发展区作为广东省文旅公共服务设施相对薄弱地区，要实现全球知名旅游目的地建设目标，完成国家公园建设任务，亟待文旅公共服务的完善与支持。完善旅游驿站体系，将有助于推动北部生态发展区文旅公共服务设施建设，为全球知名旅游目的地和国家公园建设提供有力支撑。

面向港澳地区讲好百年党史故事的现状与建议

作　　者：林功成，李莹，方林浩
依托单位：中山大学
成果类别：个人成果

一、研究内容

在中国共产党建党百年之际，本研究对建制派媒体在港澳地区的党史宣传现状进行了数据抓取和内容分析，研究发现建制派媒体有关党史宣传的力度加大，但原创深度报道积极性不高、部分报道缺乏时代特征和地域特色，也缺乏对港澳当地红色文旅资源的挖掘。

研究者认为，由于历史、制度因素，港澳地区形成独特的文化体系和政治生态，以致中国共产党及其与港澳的历史多被人遗忘、忽略、遮蔽或歪曲。在党史宣传上，宜选择与港澳民众有切身关系的党史材料，运用好红色资源，把党的历史讲活讲深。报告从“共产党成立初期”“抗日战争时期”“解放战争时期”“新中国成立初期”“改革开放以来”五个阶段，对港澳地区党史教育学习的典型案例进行了梳理。

研究提出建议：第一，在港澳地区的党史教育不能只是简单讲授党的发展历程，应该选择与港澳相关的历史事件作为重点。要充分挖掘港澳地区及粤港澳大湾区的党史资源，收集整理香港重要党史人物的文献资料，策划开发有关重要党史事件、人物的博物馆、纪念馆等，促进党史宣传教育与吸引港澳青年人进行红色旅游的深度融合。第二，由于港澳社会的特殊性，党史教育的目标应该是筑牢港澳公众的爱国主义信念。在党史宣传上宜与内地的党史宣传教育模式有差异化，在港澳强调爱国主义精神的传播，团结一切爱国力量。第三，建制派政团和媒体要充分组织和报道建党纪念活动，突出党史教育氛围，形成一定的规模和声势，要加大党史教育在新媒体平台中的投放比例。

二、研究框架和研究方法

（一）研究框架

研究以港澳地区的党史宣传为主题，研究框架由“现象诊断——是什么”“史料分析——能做什么”“对策建议——怎么做”三个部分组成。现象诊断即分析在港澳地区进行党史宣传的现状及所存在的问题；史料分析的重点则是总结与港澳民众有切身关系的党史材料并提炼出可能的记忆点；对策建议提出要选择与港澳民众有切身关系的党史材料，运用好这些红色资源，把党的历史讲活讲深。

（二）研究方法

本研究采用了内容分析法，对近三年来港澳建制派媒体有关党史的报道进行了系统分析。作为传播学的主要方法之一，内容分析能通过对大众传播内容量和质的分析，总结和判断在一段时间内的媒体传播重点和变化规律。

三、理论创新和学术价值

（一）理论创新

在庆祝建党百年之际，本研究对港澳地区的党史宣传进行了有益讨论。在实务工作方面，研究有助于港澳居民知史爱国、知史爱党，并最终形塑港澳居民的国家历史观和民族认同感。在理论方面，研究立足于习近平总书记有关港澳的最新表述，梳理了总书记在港澳工作方面的理论创新和重大实践。

（二）学术价值

报告坚持以实证研究为基本取向，以党史教育为对象，并将其嵌入在“一国两制”的框架下来考量。研究基于数据分析，为港澳治理之复杂性提供了富有时效性的解释。

四、应用价值和经济、技术、社会效益

申报者系中山大学传播与设计学院副教授、国家高端智库中山大学粤港澳发展研究院研究员。现主持国家社科基金项目一项、其他省部级课题四项。曾荣获2019年广东省哲学社科优秀成果奖一等奖、教育部第八届高等学校科学研究优秀成果奖二等奖，发表30多篇核心期刊论文，并任广东省数字政府改革建设专家委员会成员、中山大学粤港澳发展研究院民调中心副主任等职务。申报者运用大数据舆情分析和挖掘方法围绕广东省内及港澳舆情等开展研究，已有100多篇报告被省部级以上政府部门采纳，包括中央办公厅、中宣部、中央网信办、广东省委办等。其中，有20多篇报告得到省部级以上领导批示，包括习近平总书记的肯定性批示。如：

（1）《2017年香港 *** 纪念活动的舆情特点、影响及应对》，2017年6月，被中宣部采用，并得到习近平总书记的批示。

（2）《香港 ***** 疫苗接种面临的问题、风险和应对建议》，2020年12月，被省委办公厅刊物单篇采用，获2位省领导批示，并被中央办公厅刊物单篇采用、全国港澳研究会《港澳之声》采用。

（3）《抗议 **** 动员的新特点、新变化及应对策略》，2019年12月，被中宣部采用并被1位中央领导批示；被省委办公厅单篇采用并报中央办公厅单篇采用，及获1位省领导批示。

（4）《香港 *** 运动中“舆论战”的新特点及应对策略》，2019年6月，广东省委办公厅单篇采用并报中央办公厅单篇采用，并获1位省领导批示；中央网信办全文采用；中办调研室采用；香港中联办单篇采用，并获徐麟、王志民、卢新宁批示（2位正部级、2位副部级领导批示）。

（5）《香港 *** 运动的原因、影响与应对策略》，2019年6月，被中宣部单独采用，并得到1位中央领导批示。

以上报告信息均已做脱密处理。这些报告围绕着香港的政治生态、媒体格局及香港社会舆情民意，通过系统的调研和科学方法进行分析，研究成果有助于党和政府把握和判断香港政治生态的未来走势，对政府相关决策起到了影响作用。